U0135431

《史记》选本丛书　主编　曹强　凌朝栋

史记别钞

（汉）司马迁　著

（清）吴敏树　选评

韦爱萍　校点

商务印书馆
创于1897　The Commercial Press

图书在版编目（CIP）数据

史记别钞／（汉）司马迁著；（清）吴敏树选评；
韦爱萍校点 . — 北京：商务印书馆，2023
（《史记》选本丛书）
ISBN 978-7-100-22217-4

Ⅰ. ①史… Ⅱ. ①司… ②吴… ③韦… Ⅲ. ①中国历
史－古代史－纪传体 ②《史记》－研究 Ⅳ. ① K204.2

中国国家版本馆 CIP 数据核字（2023）第 049706 号

《史记》选本丛书
史记别钞

（汉）司马迁　著
（清）吴敏树　选评
韦爱萍　校点

商　务　印　书　馆　出　版
（北京王府井大街36号　邮政编码 100710）
商　务　印　书　馆　发　行
三河市尚艺印装有限公司印刷
ISBN　978－7－100－22217－4

2023年9月第1版　　　开本 640×960　1/16
2023年9月第1次印刷　　印张 7 3/4

定价：48.00元

陕西省重点扶持学科渭南师范学院中国语言文学学科建设项目
陕西省哲学社会科学研究基地——中国司马迁与史记研究院项目
渭南师范学院特色优势学科建设项目

《史记》选本丛书

顾　问：张大可　张新科
主　编：曹　强　凌朝栋
编委会：（按姓氏笔画排序）

马雅琴	王　昱	王双喜	王麦巧
王炳社	王晓红	韦爱萍	李淑芳
张瑞芳	赵前明	党艺峰	雷炳锋
凌朝栋	高军强	曹　强	梁建邦

写在"《史记》选本丛书"（第二辑）出版前

2013—2014年出版了8种《史记》选本后，我们再次组织渭南师范学院中国司马迁与史记研究院的同志做进一步搜集整理。前8种为第一辑，再后整理的为第二辑。

随着对一个个选本的了解、研究和整理，我们越来越强烈地感受到，古今中外对《史记》多有注疏、解读和编选，尤其是一些著名学者、历史学家、文学家的《史记》选文，具有较强的文学审美功能和思想文化意义，彰显了《史记》作为重要文化典籍的社会影响力。

正是这种广泛而深远的社会影响力的感召，司马迁故里的渭南师范学院的专家学者，长期以来一直致力于司马迁与《史记》研究。研究团队以过去的司马迁与史记研究所、现在的中国司马迁与史记研究院为平台，出版学术论文、专著，促进了学术研究，为区域经济、社会发展建言献策，备受好评。关于《史记》选本的搜集整理，形成了"《史记》选本丛书"系列。如前所述，丛书第一辑8种已于2013—2014年由商务印书馆陆续出版。从出版后的反响看，所整理的《史记》选本，影响较大、学术价值高，发挥了良好的阅读、研究和参考价值。在丛书的整理过程中，以忠实原作、方便读者阅读为主要原则，考虑到当代读者的阅读习惯与需要，改竖排版为横排版，改繁体字为简化字。在点校整理时，还对各《史记》选本所折射的思想文化精神进行研究提炼，在书首简介中做扼要陈述，以便广大读者阅读掌握。丛书集研究与普及作用于一体的做法，使得丛书选本既可作为《史记》初学者的入门之书，又可作为《史记》研究者的参考之书，还是一般古典文化爱好者的优选读本。

　　第一辑丛书第一次印本，已告售罄，其中《史记七篇读法》《史记选》《史记精华》等均进行多次印刷。《史记选》被广州市教育局列入广州市中小学校园经典阅读推荐书目。著名历史学家、思想史家张岂之先生为丛书第一辑作序。南京大学文学院博士生导师徐有富教授撰文《别开生面的〈史记〉文献整理工作》，给予该套丛书很高的评价，认为"别开生面，颇能拓宽与深化《史记》文献整理与研究的领域"，徐有富教授的重要观点被《高等文科学报文摘》转摘；曹强、张瑞芳、雷炳锋、师帅、张虹等学者先后在《博览群书》《渭南师范学院学报》"司马迁与《史记》研究"栏目（教育部名栏建设工程项目）等发表评论文章，认为该套丛书为推动司马迁与《史记》的研究和普及工作做出积极贡献。陕西师范大学张新科教授承担的国家社科基金重大招标项目"中外《史记》文学研究资料整理与研究"（13&ZD111）也吸纳了中国司马迁与史记研究院学者的研究成果。

　　正因为前期整理的"《史记》选本丛书"引起学界广泛的关注，司马迁与《史记》研究界对《史记》选本有更多的期待，因此，我们渭南师范学院及中国司马迁与史记研究院精心推出选本第二辑（共14册）。这次推出的有唐、宋、明、清及民国时期的选本，均为中国历史上具有代表性的选本，如《史记治要》《文章正宗》《古文翼》《史记综芬》等。同时，也包括美国、日本、韩国和我国台湾地区《史记》精品选本，如日本《史记十传纂评》、美国《史记选评》（*Records of the Grand Historian*）、韩国《史记英选》等。相信这些《史记》选本的出版，能为司马迁与《史记》研究的普及发挥作用，为读者呈现一幅更为悠远广阔的《史记》文化传播的风景。

　　对《史记》选本的搜集、整理工作，我们还将继续。欢迎读者指出我们的疏漏错谬，并提出宝贵意见和建议，我们将更加认真、努力、严谨地做好后续工作。

曹　强

凌朝栋

2016 年 8 月 31 日

于渭南师范学院中国司马迁与史记研究院

"《史记》选本丛书"序言

张岂之

西汉史学家、文学家、思想家司马迁（前 145—前 87？）所撰纪传体作品《史记》被誉为"史家之绝唱，无韵之离骚"，揭示了《史记》的历史学和文学价值，实际上，《史记》也具有重要的思想文化价值。多元性是《史记》这部经典文献的根本属性，这促使人们可以从多个角度对《史记》及《史记》学史展开广泛而深入的研究。

中国史记研究会和陕西省司马迁研究会等研究团体及学人对《史记》进行了多方面的研究，成果丰硕；《史记》及其传播影响，也引起海外学者的重视，产生了一系列的作品。这些都是中华文明传承和弘扬中可喜可贺的现象。

在历史上，《史记》产生后，历朝历代对《史记》多有注疏、索隐、编选的工作，这些工作进一步增进了《史记》作为文化典籍的影响力。特别是《史记》选文，虽然大多从文学作品角度着手，但因为选本背后隐藏着一定的历史、文学、审美及思想文化观念，某种意义上选本不仅具有文学审美的功能，也具有思想文化的功能，更可以作为把握选文者思想观念的史料之一。《史记》及《史记》选本在历史编纂学、散文史以及思想文化史上都占有重要的地位。

司马迁故里云集着一批从事《史记》及《史记》学研究的学者和研究团队。渭南师范学院《史记》研究团队就承担着国家社科基金研究项目，成员多年来一直从事《史记》选本的调研与整理工作，并在此基础上尝试探讨《史记》一百三十篇中被广泛认可的文学精华、编选原则与学术价值。

近年来，《史记》选本有的已被整理，如南宋吕祖谦撰《史记详节》（完颜绍元整理，上海古籍出版社 2007 年版）、清人姚苧田编选《史记菁华录》（王兴康整理，上海古籍出版社 2007 年版），但还有相当一部分没有被整理，也不方便读者检索阅览。

渭南师范学院《史记》研究者们尝试编选"《史记》选本丛书"，用以弥补这个不足，努力为《史记》研究做些扎实细致的基础工作。他们近年来兢兢业业，四处奔波，搜集和校点整理《史记》选本文献，为推动《史记》研究的深化和细化做出了贡献。

这套"《史记》选本丛书"主要包括：明代凌稚隆《史记纂》（马雅琴教授整理）、茅坤《史记抄》（王晓红副教授整理），清代王又朴《史记七篇读法》（凌朝栋教授整理）、汤谐《史记半解》（韦爱萍教授整理）、储欣《史记选》（凌朝栋教授整理），民国时期王有宗《分段详注评点史记菁华录》（高军强讲师与凌朝栋教授整理）、中华书局 1933 年版《史记精华》（王麦巧副教授整理）、周宇澄《广注史记精华》（梁建邦教授、张晶讲师整理）。

凌稚隆《史记纂》，编刻于明万历年间。全书分为二十四卷，从《史记》中选文一百零二篇，附《报任少卿书》一篇。此书最大的特色是：采用节选加评点的形式，撷取《史记》精华；所选篇章节奏鲜明，条理清晰，内容集中，首尾照应，与天头批注、正文批点的形式相辅相成；编选者学习、研究《史记》，知人论世，折射出不凡的见解；全书兼容并包，博览众采，资料丰富。整理底本为凌稚隆《史记纂》二十四卷，明万历己卯本。

茅坤《史记抄》共九十一卷，明万历三年自刻。编选者从《史记》中选文九十八篇进行评点。此书最大的特点是：每篇作品皆施圈点和批评；用心独到，评论扼要，且多发明。编选者的评论，代表了明代学者评价《史记》的总倾向，诸如赞赏、推崇《史记》文章的审美价值，高度评价《史记》写人的艺术价值，肯定《史记》以风神取胜的艺术风格等。整理底本为茅坤《史记抄》九十一卷，明万历乙亥本，参校北图《史记抄》九十一卷、首一卷，《四库存目丛书》影印明万历三年自刻本。

王又朴《史记七篇读法》共二卷，从《史记》中选录《项羽本纪》《外戚世家》《萧相国世家》《曹相国世家》《淮阴侯列传》《李将军列传》《魏其武安侯列传》等七篇。此书最大的特色在于：编选者既有对阅读方法的提示，又有对所选篇目艺术风格的鉴赏；提出了"一气读"、"分段细读"的阅读技巧；深入分析了司马迁写人的高超技艺及所蕴含的深刻用意。整理底本为王又朴选评《史记读法》（又名《史记七篇读法》）诗礼堂藏版，1754 年刊本，清华大学图书馆藏书。

汤谐《史记半解》，对《史记》中的六十八篇文章进行了注解。编选者深谙太史公用意，主要从叙事、人物形象刻画、细节、段落、语言等方面探讨《史记》文法笔力，为后人做了很好的导读；评析言论精辟老到，妙趣横生，引人深思，注重文脉，语言简洁明了，充满诗情画意，给读者留下深刻的印象。整理底本为汤谐《史记半解》（不分卷），清康熙慎余堂 1713 年刻本。

储欣《史记选》，从《史记》中选录作品五十七篇。此选本最大的特色是：所选篇目以记载秦以后历史人物为主；重视选取《史记》中的书、表；编选者对于精彩部分用不同的符号加以圈点，并有大量的精彩评点。用语长短不一，恰到好处，或指出词句作用，或评点章法布局，或揭示史公深意，或探讨前后关联等；所选篇章末多有评语，盛赞史公文章精彩处，与文中评语形成照应。整理底本为储欣《史记选》六卷，乾隆癸巳（1773）同文堂梓行刻本，每页十行，每行十五字，有原版书。

王有宗《分段详注评点史记菁华录》，完成于 1924 年。此版本优胜之处在于：大部分选文前均加"解题"部分，有助于读者对正文的理解；对所选篇章进行分段，便于读者较清楚地了解选文的层次；通过注释，疏通了文字注音、词义等障碍，以方便阅读。整理底本为王有宗《分段详注评点史记菁华录》六册，浙江达文印书馆 1924 年版，有原书。

《史记精华》是中华书局 1914 年辑校的《史记》选本。全书共选录《史记》一百零二篇。这些篇目的取舍原则为历史性、思想性、文学性。此书收录了多家评点，侧重对人物、历史事件、文章艺术手法、思想倾向等进行详尽的评论和说明；对同一人物、历史事件的点评，则以文采、语言、思想为主要内容，尽可能为读者提供精华性的评语。中华书局《史记精华》，1914 年第一版，本次整理依据 1937 年版，西北大学图书馆藏书影印版，参校 1933 年版。

周宇澄《广注史记精华》，是民国时期出版的《史记》读本中重要的一部。全书共选录《史记》本纪、表、世家、列传中三十二篇文章，分为三十四个题目。此选本最大的特点是：选取《史记》中文学色彩浓烈，偏重于人物、事件和描写精彩的篇章；对所选文章进行"划分段落，将难字注以音义，其有典故疑义者，一律注释，使读者一目了然"；注释详尽，有很强的可读性；编选者根据自己的理解进行了明晰的段落划分和断句，体现了编选者对《史记》的理解和思想观点。整理底本选用周宇澄《广注史记精华》，世界书局 1943 年版。

这些选本，均是影响较大、流传较广的《史记》选本，内容丰富，各具特色，具有较高的学术研究和参考价值。

在整理过程中，整理者尽可能搜集多种版本，认真选择工作底本，并主要参考中华书局 1982 年版点校本《史记》进行整理，包括段落划分与标点，文字出入较大者则予以注释。忠实原作、方便当代读者阅读是整理者坚持的主要原则，比如竖排版改为横排版，繁体字改为简化字，便考虑到读者的阅读习惯与需要。选本评点中的总评、评注、行批、夹批等，则尽量标注在原作相应的位置，以尽可能反映底本的原貌。底本中明显的错字，则采用加"按"的形式标明。难能可贵的是，整理者在点校整理的同时，还对《史记》选本所折射的思想文化精神进行了研读，并在简介中做了扼要论述。

当然，古籍的点校整理是一项科学严谨、费时费力的工作，而且往往难以避免讹误乖错，在这方面，欢迎读者朋友在阅读中对该丛书的版本甄别以及具体点校整理工作，提出积极的合理化建议，以不断推陈出新，力臻完善。

该研究团队原本设想还要进一步选编和整理日本、韩国、美国等学者的《史记》选本，我们愿意乐观其成。希望"《史记》选本丛书"的编校整理工作为进一步系统研究司马迁的思想学术、《史记》及《史记》学做出积极贡献，为推介和弘扬中华优秀传统文化增砖添瓦。

是为序。

2013 年 3 月
于西北大学中国思想文化研究所

前　言

西汉史学家司马迁（前145—约前87）撰写的《史记》，是中国第一部纪传体通史。其对后世史学和文学的发展都产生了深远影响，引发后来研究者的极大兴趣，多次形成研究热潮。明清之际《史记》点评著作很多，吴敏树的《史记别钞》也是其中的佳作。

吴敏树（1805—1873），字本深，湖南巴陵铜柈湖人。因有书斋建于故里南屏山，遂自号南屏，学者称南屏先生。自幼阅读儒家经典，博览《史记》《汉书》等史书。师从名家秦石畲等，嗜好古文。1832年（道光十二年），吴敏树中举，后于1844年担任浏阳县教谕，不久就称病告退，在家潜心于古诗、古文之学，成为中国柈湖文派的创始人。

吴敏树钟情于经史文学，颇有成就。经史方面著作有《周易注义补象》《孟子考义发》等；文学著作有《柈湖诗录》《柈湖诗稿》等。其文章出自桐城学派，却又自成风格，深为曾国藩所称赞。同时他编选和评点司马迁《史记》文章，为我们留下了宝贵的《史记》选本文献。

吴敏树编纂《史记别钞》，共67230余字。皆因看到当时一些桐城派作家以文词取媚于权贵，为纠正这一颓风，选择《史记》篇目进行评注，以警当时之人。同时，吴先生也对当时一些人在探讨《史记》和《汉书》的异同上见识短浅，不能深悟太史公之意提出委婉的批评。由此，吴敏树在《史记别钞》选评上用尽心血，呈现己见。详察有以下几方面的特点：

第一，注本结构简单，批注形式多样。该书没有目录，分为上、下册。但可以依据其正式选文的标题，查阅相关的篇目，共有《史记》七篇。上册有《封禅书》《河渠书》《平准书》，下册有《陈涉世家》《项羽本纪》《张耳陈馀列传》《萧相国世家》。吴敏树先生在阅读过程中，将心中所感，笔墨追录，三言两语，生动传神。所选七篇文章，不仅在选文页面天头保留宏观性的眉批评点，还对选文某些文字做具体夹批评点，而且在每篇文章之后，会有一篇更为全面的总评文章。例如在《封禅书》眉批："封禅无稽，而当时典礼绝巨。起笔赞颂得体，本旨跃然言下。"选文正文夹批评点如"三年不为礼，礼必废；三年不为乐，乐必坏"之后曰："本管子所道，而实不取之。观下文，推本处自明。"

第二，评者心意展露，表明独特看法。吴敏树先生的评注，体现着别样的眼光和情怀。目录之后有作者《序言》提到其编选《史记别钞》目的，先从赞扬司马迁的叙事开始："文之难为者，莫过于序事……余读《史记》，窃叹古今谈文章家，必推司马氏序事之长。……故欲以己意论说《史记》书中语汉事者数十篇，详究本末，发挥为文。所以然者，而首事《封禅》《河渠》《平准》三书，以谓纪述繁重，尤难于此，将以私授之学者焉。"吴敏树首将《史记》之叙事重点提出，评点以此为中心，深谙史公深意，为后人指点迷津。

第三，评点人物独树一帜，令人耳目一新。《史记》以人物为中心，吴敏树评价人物，自是重笔所在。特举《项羽本纪》中的两处点评：当项王被刘邦追赶得疲惫不堪之时，项王要求与汉王单挑："天下匈匈数岁者，徒以吾两人耳，愿与汉王挑战决雌雄，毋徒苦天下之民父子为也。"吴敏树评曰："计穷力屈作此，无聊语。可笑！可怜！"寥寥数语，将项王如小儿之无奈状写出，更显其勇敢有余，谋略不足；项王东渡乌江之事，后人评之甚多，形成诗文若干，谁能解破项王当时心事？吴敏树评曰："欲东渡矣，有船而复止，何也？假而为亭长缚以投汉，或沉之江中，岂不羞辱？此见项王善自收手处。"

千载之下，唯君知之矣！特别是有争议的人物，吴敏树颇费苦心，为之点明令，读者豁然开窍。细读《萧相国世家》传后评价，才知高祖、萧何之真实心理。

第四，评者学识渊博，多与《汉书》比较。注本附带考证辨识，以正视听。吴敏树独具史家见识，多次对《史记》《汉书》之记录进行比较，以见作者高下，其义深远。如《封禅书》记载："天子从禅还，坐明堂"。"明堂"，很容易被一般阅读者忽略的处所，吴敏树先生做了认真的考辨，读者可从中感知其学识、见解。

总之，《史记别钞》主要体现了吴敏树的文学思想与史学见识。它既适于一般读者诵读，也适于学者研究，是一种别具一格的《史记》选本。

韦爱萍

凡　例

1. 原书底本为同治十一年（1872）繁体竖排版，为方便读者阅读，此次整理改为简体横排版。

2. 选文内容分为上、下两册，共七篇，基本维持原貌，段落层次的划分参考中华书局通行本加以处理，并按照现代符号标准进行标点。

3. 原书选文中凡精华、文采处以空心圆圈点"〇"标记，此次整理改为底划线（直线），如："方士多言古帝王有都甘泉者。"原书选文中凡纲领处为加重顿号"、"，此次整理改为底划线（曲线），如："皆各为私奉养焉，不领于天下之经费。"原书选文中重点强调处为空心三角形"△"，此次整理改为字下加点，如："岱宗，泰山也。"

4. 每篇选文中凡有编选者评语，在整理时对眉批部分前进行了特别标注"【眉批】"，其后为小号楷体字评语，如："【眉批】此下述秦汉间常祀典故，字句最为精核。史志正体。"对正文的夹批评语，则在相应正文后标注"【旁批】"，其后为小号楷体字评语，以便与正文相区分，如："皆各用一牢具祠，而巫祝所损益，珪币杂异焉。【旁批】读至此，大解封禅原起矣。"

5. 对于选文评语中模糊不清的文字，我们无法辨认，用方块墨丁"■"代替，如："【眉批】栾大宠贵至盛，却只办■■仙不得与事，又卒以无验被诛。"

6. 对于每篇选文最后一篇较长的总评文字，我们用"【总评】"加以标注，评语用仿宋字体，以便与正文相区分。

目　录

史记别钞序

文之难为者，莫过于序事，人知其难矣。抑思其所以难乎？治丝麻为布帛，经纬、条理具焉，服其成者，必知其功；绘画者，摹故事，事颇巨者，人物以百数，工专其妙，在于措设、布置，极竭以心思，非独一人一骑，神状而已，为文亦然。余读《史记》，窃叹古今谈文章家，必推司马氏序事之长。至其所以赞美之者，不免震于形貌，而以为有纵横、离变之奇。及所与班书较上下者，唯在字句、繁省之间。余独以此悲史公本志之不明，笔削之不彰，又以知后代史官，文字之不相逮及者，亦由未讲乎此也。故欲以己意论说《史记》书中语汉事者数十篇，详究本末，发挥为文。所以然者，而首事《封禅》《河渠》《平准》三书，以谓纪述繁重，尤难于此，将以私授之学者焉。

巴陵吴敏树识

曩时，钞评《史记》三书，后欲取《纪》《传》《世家》，《史》《汉》异同，得失尽较之，会更得一卷。以事中止，因命人录出，遂不复增之，以为大意已见矣。今就旧本行之，其所不及，学者自以意推求之，可也。

同治十一年三月既望 枰湖乐生翁，识于长沙寓馆

史记别钞　上卷

封禅书

自古受命帝王，曷尝不封禅？盖有无其应而用事者矣，未有睹符瑞见而不臻乎泰山者也。【眉批】封禅无稽，而当时典礼绝巨。起笔赞颂得体，本旨跃然言下。虽受命而功不至，至梁父矣而德不洽，洽矣而日有不暇给，是以即事用希。《传》曰："三年不为礼，礼必废；三年不为乐，乐必坏。"【旁批】大意本《管子》所道，而实不取之。观下文，推本处自明。每世之隆，则封禅答焉，及衰而息。厥旷远者千有余载，近者数百载，故其仪阙然堙灭，其详不可得而记闻云。

《尚书》曰，舜在璇玑玉衡，以齐七政。遂类于上帝，禋于六宗，望山川，遍群神。辑五瑞，择吉月日，见四岳诸牧，还瑞。岁二月，东巡狩，至于岱宗。岱宗，泰山也。柴，望秩于山川。【眉批】首序巡狩、柴望，明实无封禅之文。《五帝纪》赞，所谓删书，断自尧以来百家言皇帝。其文不雅驯，缙绅先生难言之，即是此旨。遂觐东后。东后者，诸侯也。合时月正日，同律度量衡，修五礼，五玉三帛二生一死贽。五月，巡狩至南岳。南岳，衡山也。八月，巡狩至西岳。西岳，华山也。十一月，巡狩至北岳。北岳，恒山也。皆如岱宗之礼。中岳，嵩高也。五载一巡狩。

禹遵之。后十四世，至帝孔甲，淫德好神【旁批】四字著意。神渎，二龙去之。其后三世，汤伐桀，欲迁夏社，不可，作《夏社》。后八世，至帝太戊，有桑穀生于廷，一暮大拱，惧。伊陟曰："妖不胜德。"太戊修德，桑穀死。伊陟赞巫咸，巫咸之兴自此始【旁批】原邪说家所起。【眉批】以巫咸为神巫，虽屈子亦然。史公非实信之，然推原巫祝禨祥之本始，不容不尔。后十四世，帝武丁得傅说为相，殷复兴焉，称高宗。有雉登鼎耳雊，武丁惧。祖己曰："修德。"武丁从之，位以永宁。后五世，帝武乙慢神而震死。后三世，帝纣淫乱，武王伐之。由此观之，<u>始未尝不肃祗，后稍怠慢也</u>。【旁批】淫渎是主，慢神是宾。此处稍依违其词，以回应起笔，尤令本意入微。

《周官》曰，【眉批】又提起周官、考正郊社、明堂之事。封禅之诬不待辨矣。冬日至，祀天于南郊，迎长日之至；夏日至，祭地祗。皆用乐舞，而神乃可得而礼也。天子祭天下名山大川，五岳视三公，四渎视诸侯，诸侯祭其疆内名山大川。四渎者，江、河、淮、济也。天子曰明堂、辟雍，诸侯曰泮宫。

周公既相成王，郊祀后稷以配天，宗祀文王于明堂以配上帝。自禹兴而修社祀，后稷稼穑，故有稷祠，<u>郊社所从来尚矣</u>。

自周克殷后十四世，世益衰，礼乐废，诸侯恣行，而幽王为犬戎所败，周东徙雒邑。秦襄公攻戎救周，始列为诸侯。<u>秦襄公既侯，居西垂</u>，自以为主少暤之神，作西畤，祀白帝，其牲用骝驹黄牛羝羊各一云。【眉批】五帝淫祀始于秦，汉承秦弊。推本至为明确。其后十六年，秦文公东猎汧渭之间，卜居之而吉。文公梦黄蛇自天下属地，其口止于鄜衍。文公问史敦，敦曰："此上帝之徵，君其祠之。"于是作鄜畤，用三牲郊祭白帝焉。

自未作鄜畤也，而雍旁故有吴阳武畤，雍东有好畤，皆废无祠。<u>或</u>【旁批】鄙儒附和事主。方士之说，盖如此。曰："<u>自古以雍州积高，神明之隩，故立畤郊上帝</u>，诸神祠皆聚云。<u>盖黄帝时尝用事，虽晚周亦郊焉</u>。"<u>其语不经见，缙绅者不道</u>。

作鄜畤后九年，文公获若石云，于陈仓北阪城祠之。【旁批】由帝畤而妖祠兴，为寿宫、神君影起。其神或岁不至，或岁数来，来也常以夜，光辉若流星，从东南来集于祠城，则若雄鸡，其声殷云，野鸡【眉批】"野鸡"，谓四野之鸡。注家谓汉讳"雉"为野鸡，非也。顾炎武《日知录》辨之甚明。夜雊。以一牢祠，命曰陈宝。

作鄜畤后七十八年，秦德公既立，卜居雍，【旁批】卜之占云。"后子孙饮马于河"，遂都雍。雍之诸祠自此兴。用三百牢于鄜畤。作伏祠。磔狗邑四门，以御蛊灾。

德公立二年卒。其后六年，秦宣公作密畤于渭南，祭青帝。

其后十四年，秦缪公立，病卧五日不寤；寤，乃言梦见上帝，上帝命缪公平晋乱。史书而记藏之府。而后世皆曰秦缪公上天。【旁批】神仙影起。

秦缪公即位九年，齐桓公既霸，会诸侯于葵丘，而欲封禅。管仲曰："古者封泰山禅梁父者七十二家，而夷吾所记者十有二焉。昔无怀氏封泰山，禅云云；虙羲封泰山，禅云云；神农封泰山，禅云云；炎帝封泰山，禅云云；黄帝封泰山，禅亭亭；颛顼封泰山，禅云云；帝喾封泰山，禅云云；尧封泰山，禅云云；舜封泰山，禅云云；禹封泰山，禅会稽；汤封泰山，禅云云；周成王封泰山，禅社首：皆受命然后得封禅。"【眉批】古文道封禅者，管氏之言最为依据，而史公置之此，何也？诚疑之也。盖管子之语，大抵战国世齐人所托为，然史公不敢明辨，欲令学者自识其意，不然，此书宜首及之矣。桓公曰："寡人北伐山戎，过孤竹；西伐大夏，涉流沙，束马悬车，上卑耳之山；南伐至召陵，登熊耳山以望江汉。兵车之会三，而乘车之会六，九合诸侯，一匡天下，诸侯莫违我。昔三代受命，亦何以异乎？"于是管仲睹桓公不可穷以辞，因设之以事，曰："古之封禅，鄗上之黍，北里之禾，所以为盛；江淮之间，一茅三脊，所以为藉也。东海致比目之鱼，西海致比翼之鸟，然后物有不召而自至者十有五焉。今凤凰麒麟不来，嘉谷不生，而蓬蒿藜莠茂，鸱枭数至，而欲封禅，毋乃不可乎？"于是桓公乃止。是岁，秦缪公内晋君夷吾。其后三置晋国之君，平其乱。缪公立三十九年而卒。

其后百有余年，而孔子论述六艺，传略言易姓而王，封泰山禅乎梁父者七十余王矣，其俎豆之礼不章，盖难言之。或问禘之说，孔子曰："不知。知禘之说，其于天下也视其掌。"【眉批】孔子绝不道封禅，可知事之必无。岂有"七十余王"传据之事，而言无一及者乎? 以难言为解，又以《论语》不答，"禘"说微之，故作回护，事实甚明。《诗》云纣在位，文王受命，政不及泰山。武王克殷二年，天下未宁而崩。爰周德之洽维成王，成王之封禅则近之矣。【旁批】婉妙。及后陪臣执政，季氏旅于泰山，仲尼讥之。

是时苌弘以方事周灵王，诸侯莫朝周，周力少，苌弘乃明鬼神事，设射狸首。狸首者，诸侯之不来者。依物怪欲以致诸侯。诸侯不从，而晋人执杀苌弘。周人之言方怪者自苌弘。【旁批】当时，洛阳虞初辈必多推本苌公，故云尔。

其后百余年，秦灵公作吴阳上畤，祭黄帝；作下畤，祭炎帝。

后四十八年，周太史儋见秦献公曰："秦始与周合，合而离，五百岁当复合，合十七年而霸王出焉。"栎阳雨金，秦献公自以为得金瑞，故作畦畤栎阳而祀白帝。

其后百二十岁而秦灭周，周之九鼎入于秦。【旁批】儋见在献公十一年。至昭王五十二年，九鼎入秦，历百二十年。或曰宋太丘社亡，而鼎没于彭城泗水下。【眉批】九鼎明已入秦，而世妄传没水之说。后来，神鼎之事所自起。

其后百一十五年而秦并天下。【旁批】自社亡之岁数之，班《志》称"社亡在周显王四十二年"，与此年数差异。

秦始皇既并天下而帝，或曰："黄帝得土德，黄龙地螾见。夏得木德，青龙止于郊，草木畅茂。殷得金德，银自山溢。周得火德，有赤乌之符。今秦变周，水德之时。【旁批】五运之说自邹衍来。昔秦文公出猎，获黑龙，此其水德之瑞。"于是秦更命河曰"德水"，以冬十月为年首，色上黑，度以六为名，音上大吕，事统上法。【旁批】关改历、服色事，亦为太初以前，郊雍年数，须与分明。

即帝位三年，东巡郡县，祠驺峄山，颂秦功业。于是征从齐鲁之儒生博士七十人，至乎泰山下。【眉批】秦皇得齐人书，首事封禅、求仙。汉武依仿行事，本末了然如是矣。此叙秦事，竟入泰山封禅，因及海上之游，似若行迹适然连及者。其实泰山举动，全为海中三山起见也。文势妙用逆就，读者便未易寻索。诸儒生或议曰："古者封禅为蒲车，恶伤山之土石草木；扫地而祭，席用苴秸，言其易遵也。"始皇闻此议各乖异，难施用，由此绌儒生。而遂除车道，上自泰山阳至巅，立石颂秦始皇帝德，明其得封也。【旁批】实事如此，以为不得上封者，妄也。从阴道下，禅于梁父。其礼颇采太祝之祀雍上帝所用，而封藏皆秘之，世不得而记也。

始皇之上泰山，中阪遇暴风雨，休于大树下。诸儒生既绌，不得与用于封事之礼，闻始皇遇风雨，则讥之。【旁批】所以，有秦皇不得上封之说。明此，以破时人之献媚者。

于是始皇遂东游海上，行礼祠名山大川及八神，求仙人羡门之属。八神将自古而有之，或曰太公以来作之。齐所以为齐，以天齐也。其祀绝莫知起时。八神：一曰天主，祠天齐。天齐渊水，居临菑南郊山下者。二曰地主，祠泰山梁父。盖天好阴，祠之必于高山之下，小山之上，命曰"畤"；地贵阳，祭之必于泽中圆丘云。三曰兵主，祠蚩尤。蚩尤在东平陆监乡，齐之西境也。四曰阴主，祠三山。【旁批】此东莱曲成三山，非下所谓三神山者。五曰阳主，祠之罘。六曰月主，祠之莱山。皆在齐北，并渤海。七曰日主，祠成山。成山斗入海，最居齐东北隅，以迎日出云。八曰四时主，祠琅邪。琅邪在齐东方，盖岁之所始。皆各用一牢具祠，而巫祝所损益，珪币杂异焉。【旁批】读至此，大解封禅原起矣。

自齐威、宣之时，驺子之徒论著【眉批】《汉·艺文志》邹子四十九篇，邹子终始五十六篇。终始五德之运，及秦帝而齐人奏之，故始皇采用之。而宋毋忌、正伯侨、充尚、羡门子高最后皆燕人，【旁批】"最后"字，对齐威、宣世而云尔。或以为人名者，非。为方仙道，形解销化，依于鬼神之事。驺衍以阴阳主运显于诸侯，而燕齐海上之方士传其术不能通，然则怪迂阿谀苟合之徒自此兴，不可胜数也。

自威、宣、燕昭使人入海求蓬莱、方丈、瀛洲。此三神山者，其傅在渤海中，去人不远；患且至，则船风引而去。盖尝有至者，诸仙人及不死之药皆在焉。【眉批】"患且至，则船风引而去"。此句似与下文"临之，风辄引去"犯复，然最有意不可省少此九字！乃为"盖尝有至者"五字出神，以见果未尝有至者，妄造神山、物色语耳。《汉书》改此句作"去人不远"四字，失此味矣。其物禽兽尽白，而黄金银为宫阙。未至，望之如云；及到，三神山反居水下。临之，风辄引去，终莫能至云。世主莫不甘心焉。及至秦始皇并天下，至海上，则方士言之不可胜数。始皇自以为至海上而恐不及矣，使人乃赍童男女入海求之。船交海中，皆以风为解，曰未能至，望见之焉。【旁批】并预为武帝写神。其明年，始皇复游海上，至琅邪，过恒山，从上党归。后三年，游碣石，考入海方士，从上郡归。后五年，始皇南至湘山，遂登会稽，并海上，冀遇海中三神山之奇药。不得，还至沙丘崩。

二世元年，东巡碣石，并海南，历泰山，至会稽，皆礼祠之，而刻勒始皇所立石书旁，以章始皇之功德。其秋，诸侯叛秦。三年而二世弑死。

始皇封禅之后十二岁，秦亡。诸儒生疾秦焚《诗》、《书》，诛僇文学，百姓怨其法，天下叛之，皆讹曰："始皇上泰山，为暴雨所击，不得封禅。"此岂所谓无其德而用事者邪？【眉批】痛数秦亡前鉴，朗切！又以儒生讹讥作一婉讽，回照前文。盖惜汉武明蹈覆辙，而又深疾陋儒怪谈，贻误来世也。

昔三代之君皆在河洛之间，故嵩高为中岳，而四岳各如其方，四渎咸在山东。至秦称帝，都咸阳，则五岳、四渎皆并在东方。自五帝以至秦，轶兴轶衰，名山大川或在诸侯，或在天子，其礼损益世殊，不可胜记。【眉批】此下述秦汉间常祀典故，字句最为精核。史志正体。及秦并天下，令祠官所常奉天地名山大川鬼神可得而序也。

　　于是自殽以东，名山五，大川祠二。曰太室。太室，嵩高也。恒山，泰山，会稽，湘山。水曰济，曰淮。春以脯酒为岁祠，因泮冻，秋涸冻，冬赛祷祠。其牲用牛犊各一，牢具珪币各异。

　　自华以西，名山七，名川四。曰华山，薄山。薄山者，襄山也。岳山，岐山，吴岳，鸿冢，渎山。渎山，蜀之汶山。水曰河，祠临晋；沔，祠汉中；湫渊，祠朝那江水，祠蜀。亦春秋泮涸祷赛，如东方名山川；而牲牛犊牢具珪币各异。而四大冢鸿、岐、吴、岳，皆有尝禾。【眉批】"冢鸿"宜同，上文作"鸿冢"。"四大"者，"冢鸿"也，岐山也，吴山也，岳山也。

　　陈宝节来祠。其河加有尝醪。此皆在雍州之域，近天子之都，故加车一乘，骝驹四。

　　灞、产、长水、沣、涝、泾、渭皆非大川，以近咸阳，尽得比山川祠，而无诸加。

　　汧、洛二渊，鸣泽、蒲山、岳壻（左山右胥）山之属，为小山川，亦皆岁祷赛泮涸祠，礼不必同。

　　而雍有日、月、参、辰、南北斗、荧惑、太白、岁星、填星、二十八宿、风伯、雨师、四海、九臣、十四臣、诸布、诸严、诸逑之属，百有余庙。西亦有数十祠。【旁批】《索隐》曰："西即陇西之西县，秦旧都，故有祠。"于湖有周天子祠。于下邽有天神。沣、滈有昭明、天子辟池。于社亳【眉批】"社亳"，"社"字，宜依徐广作"杜"，京兆杜县有亳亭。有三社主之祠、寿星祠；而雍菅庙亦有杜主。杜主，故周之右将军，其在秦中，最小鬼之神者。各以岁时奉祠。

　　唯雍四畤上帝为尊，其光景动人民唯陈宝。故雍四畤，春以为岁祷，因泮冻，秋涸冻，冬赛祠，五月尝驹，及四仲之月祠，【旁批】或四仲月加祠，或随月祠之，无定限。若月祠，陈宝节来一祠。春夏用骍，秋冬用駠。畤驹四匹，木禺龙栾车一驷，木禺车马一驷，各如其帝色。黄犊羔各四，珪币各有数，皆生瘗埋，无俎豆之具。三年一郊。秦以冬十月为岁首，故常以十月上宿郊见，通权火【眉批】"权火"，张晏注：烽火也，状若井挈槔，其法类称，故谓之"权火"。按：《周礼》，夏官司爟，掌行火之政。凡祭祀则祭爟，《说文》：举火曰"爟"。此"权"字必爟之讹耳。拜于咸阳之旁，而衣上白，其用如经祠云。西畤、畦畤，祠如其故，上不亲往。【旁批】即上畤驹四匹云云之仪。鄜畤上下四畤，祠四帝者，皆亲祠。西畤二畤，与鄜畤同祭白帝，故不亲往。此叙秦祭法绝精密，人多不觉。

　　诸此祠皆太祝常主，以岁时奉祠之。至如他名山川诸鬼及八神之属，上过则祠，去则已。郡县远方神祠者，民各自奉祠，不领于天子之祝官。祝官有秘祝，即有灾祥，辄祝祠移过于下。【眉批】观《左氏》，齐景欲诛祝史，而称范武子者，以陈信无愧辞为难。则秘祝其来久矣。

　　汉兴，高祖之微时，尝杀大蛇。有物曰："蛇，白帝子也，而杀者赤帝子。"高祖初起，祷丰枌榆社。徇沛，为沛公，则祠蚩尤，衅鼓旗。遂以十月至灞上，与诸侯平咸阳，立为汉王。因以十月为年首，而色上赤。

　　二年，东击项籍而还入关，问："故秦时上帝祠何帝也？"对曰："四帝，有白、青、黄、赤帝之祠。"高祖曰："吾闻天有五帝，而有四，何也？"莫知其说。于是高祖曰："吾知之矣，乃待我而具五也。"乃立黑帝祠，命曰北畤。有司进祠，上不亲往。悉召故秦祝官，复置太祝、太宰，如其故仪礼。因令县为公社。下诏曰："吾甚重祠而敬祭。今上帝之祭及山川诸神当祠者，各以其时礼祠之如故。"【眉批】汉初天子不亲郊祀，阙失至此，不识叔孙何名儒也。

后四岁，天下已定，诏御史，令丰谨治枌榆社，常以四时春【眉批】"四时春"犹言每岁之春。以羊彘祠之。令祝官立蚩尤之祠于长安。长安置祠祝官、女巫。其梁巫，祠天、地、天社、天水、房中、堂上之属；晋巫，祠五帝、东君、云中、司命、巫社、巫祠、族人、先炊之属；秦巫，祠社主、巫保、族累之属；荆巫，祠堂下、巫先、司命、施糜之属；九天巫，祠九天：皆以岁时祠宫中。其河巫祠河于临晋，而南山巫祠南山秦中。秦中者，二世皇帝。各有时（月）。

其后二岁，或曰周兴而邑郆，立后稷之祠，至今血食天下。于是高祖制诏御史："其令郡国县立灵星祠，常以岁时祠以牛。"

高祖十年春，有司请令县常以春三月及时腊祠社稷以羊豕，民里社各自财以祠。制曰："可。"【眉批】《汉书》云："周兴而邑立后稷之祠。"师古注："令天下诸邑皆祠之。是省一'郆'字，立意即别今。"按：《史》本谓周始后稷，封郆而有天下，其后稷祠遍于天下耳。若谓每邑之中皆立稷祠，古典未闻。又："春三月及时腊祠社稷"，《汉书》作"春二月及腊祠稷"。详《史》所称，春三月者，乃夏正十二月，正腊时也。盖史于太初前，时月皆已追改。此文则仍依旧，今为文以腊祠自分明耳。

其后十八年，孝文帝即位。即位十三年，下诏曰："今秘祝移过于下，朕甚不取。自今除之。"

始名山大川在诸侯，诸侯祝各自奉祠，天子官不领。及齐、淮南国废，令太祝尽以岁时致礼如故。

是岁，制曰："朕即位十三年于今，赖宗庙之灵，社稷之福，方内艾安，民人靡疾。间者比年登，朕之不德，何以飨此？皆上帝诸神之赐也。盖闻古者飨其德必报其功，欲有增诸神祠。有司议增雍五畤路车各一乘，驾被具；西畤畦畤禺车各一乘，禺马四匹，驾被具；其河、湫、汉水加玉各二；及诸祠，各增广坛场，珪币俎豆以差加之。而祝釐者归福于朕，百姓不与焉。自今祝致敬，毋有所祈。"【眉批】

文帝天资，动合古人，惜当时无能以典礼进者。贾生宣室之问，未知议竟如何？

鲁人公孙臣上书曰："始秦得水德，今汉受之，推终始传，则汉当土德，土德之应黄龙见。宜改正朔，易服色，色上黄。"是时丞相张苍好律历，以为汉乃水德之始，故河决金堤，其符也。年始冬十月，色外黑内赤，与德相应。如公孙臣言，非也。罢之。后三岁，黄龙见成纪。文帝乃召公孙臣，拜为博士，与诸生草改历服色事。其夏，下诏曰："异物之神见于成纪，无害于民，岁以有年。朕祈郊上帝诸神，礼官议，无讳以劳朕。"有司皆曰"古者天子夏亲郊，祀上帝于郊，故曰郊"。于是夏四月，文帝始郊见雍五畤祠，衣皆上赤。

【眉批】公孙臣以改历服色事上，言未为甚失。至新垣平，则方士议起矣。

其明年，赵人新垣平以望气见上，言"长安东北有神气，成五采，若人冠绕焉。或曰东北神明之舍，西方神明之墓也。天瑞下，宜立祠上帝，以合符应"。于是作渭阳五帝庙，同宇，帝一殿，面各五门，各如其帝色。祠所用及仪亦如雍五畤。

夏四月，文帝亲拜灞渭之会，以郊见渭阳五帝。五帝庙南临渭，北穿蒲池沟水，权火举而祠，若光辉然属天焉。于是贵平上大夫，赐累千金。而使博士诸生刺六经作王制，谋议巡狩封禅事。【眉批】自文帝世，诸儒已不能辨正封禅是非，足见龙门高识。

文帝出长安门，若见五人于道北，遂因其直北立五帝坛，祠以五牢具。

其明年，新垣平使人持玉杯，上书阙下献之。平言上曰："阙下有宝玉气来者。"已视之，果有献玉杯者，刻曰"人主延寿"。平又言"臣候日再中"。居顷之，日却复中。于是始更以十七年为元年，令天下大酺。

平言曰："周鼎亡在泗水中，今河溢通泗，臣望东北汾阴直有金宝气，意周鼎其出乎？兆见不迎则不至。"于是上使使治庙汾阴南，临河，欲祠出周鼎。

人有上书告新垣平所言气神事皆诈也。下平吏治，诛夷新垣平。自是之后，文帝怠于改正朔服色神明之事，而渭阳、长门五帝使祠官领，以时致礼，不往焉。【眉批】方士侮弄人主，以文帝之贤而为新垣所卖。然文帝一朝觉悟，此事便废。以见武帝之甘受欺诈，穷老不悔，为可怪也。

明年，匈奴数入边，兴兵守御。后岁少不登。

数年而孝景即位。十六年，祠官各以岁时祠如故，无有所兴，至今天子。【眉批】此书主为武帝作，此其入题处。

今天子初即位，尤敬鬼神之祀。

元年，汉兴已六十余岁矣，天下艾安，缙绅之属皆望天子封禅改正度也，而上乡儒术，招贤良，赵绾、王臧等以文学为公卿，欲议古立明堂城南，以朝诸侯。草巡狩封禅改历服色事未就。会窦太后治黄老言，不好儒术，使人微伺得赵绾等奸利事，召案绾、臧，绾、臧自杀，诸所兴为皆废。

后六年，窦太后崩。其明年，征文学之士公孙弘等。【旁批】建元六年，太皇太后崩。元光元年，诏贤良董仲舒、公孙宏（按：当为"弘"）等出焉。

明年，今上初至雍，郊见五畤。后尝（常）三岁一郊。是时上求神君，【眉批】兴郊祀是也。紧接神君、少君事，以见武帝本色。与上文"尤敬鬼神之祀"，胎息不离终篇，然其效可睹矣。一语，神理已到。舍之上林中蹏氏观。神君者，长陵女子，以子死，【旁批】《汉书》作以"乳死"，义同。而此文尤古。见神于先后宛若。宛若祠之其室，民多往祠。平原君往祠，其后子孙以尊显。及今上即位，则厚礼置祠之内中。闻其言，不见其人云。

是时李少君亦以祠灶、谷道、却老方见上，上尊之。少君者，故深泽侯舍人，主方。匿其年及其生长，常自谓七十，能使物，却老。

其游以方遍诸侯。无妻子。人闻其能使物及不死，更馈遗之，常余金钱衣食。人皆以为不治生业而饶给，又不知其何所人，愈信，争事之。少君资好方，善为巧发奇中。尝从武安侯饮，坐中有九十余老人，少君乃言与其大父游射处，老人为儿时从其大父，识其处，一坐尽惊。少君见上，上有故铜器，问少君。少君曰："此器齐桓公十年陈于柏寝。"已而案其刻，果齐桓公器。一宫尽骇，以为少君神，数百岁人也。

【眉批】叙方士，说求仙，次第可怪笑。如是，而封禅乃全为仙家举动矣。

少君言上曰："祠灶则致物，致物而丹砂可化为黄金，黄金成以为饮食器则益寿，益寿而海中蓬莱仙者乃可见，见之以封禅则不死，黄帝是也。臣尝游海上，见安期生，安期生食巨枣，大如瓜。安期生仙者，通蓬莱中，合则见人，不合则隐。"于是天子始亲祠灶，遣方士入海求蓬莱安期生之属，而事化丹砂诸药齐为黄金矣。

居久之，李少君病死。天子以为化去不死，而使黄锤史宽舒【旁批】祠官宽舒，当即此人。结上遣方士。受其方。求蓬莱安期生莫能得，而海上燕齐怪迂之方士【旁批】起下。多更来言神事矣。

亳人谬忌奏祠太一方，曰："天神贵者泰一，泰一佐曰五帝。古者天子以春秋祭泰一东南郊，用太牢，七日，为坛开八通之鬼道。"于是天子令太祝立其祠长安东南郊，常奉祠如忌方。其后人有上书，言"古者天子三年一用太牢祠神三一：天一、地一、泰一"。天子许之，令太祝领祠之于忌泰一坛上，如其方。后人复有上书，言"古者天子常以春解祠，祠黄帝用一枭破镜；冥羊用羊祠；马行用一青牡马；泰一、泽山君地长用牛；武夷君用干鱼；阴阳使者以一牛"。令祠官领之如其方，而祠于忌泰一坛旁。

其后，天子苑有白鹿，以其皮为币，以发瑞应，造白金焉。【眉批】皮币事，据《平准书》，在元狩三年。《汉书·武纪》在四年，获麟乃在元年，误也。说见后。

其明年，郊雍，【旁批】三年一郊，文中每用郊雍为节目，因以著郊祀之为典礼也。获一角兽，若麟然。【眉批】"若麟然"，《汉书》作"若麃然"，亦非是麃形，似獐牛尾一角。当时所获者，盖麃也。而指称为麟，故云"若麟然"。有司曰："陛下肃祗郊祀，上帝报享，锡一角兽，盖麟云。"于是以荐五畤，畤加一牛以燎。锡诸侯白金，风符应合于天也。

于是济北王以为天子且封禅，乃上书献泰山及其旁邑，天子以他县偿之。常山王有罪，迁，天子封其弟于真定，以续先王祀，而以常山为郡，然后五岳皆在天子之邦。

其明年，齐人少翁以鬼神方见上。上有所幸王夫人，夫人卒，少翁以方盖夜致王夫人及灶鬼之貌云，天子自帷中望见焉。于是乃拜少翁为文成将军，赏赐甚多，以客礼礼之。文成言曰："上即欲与神通，宫室被服非象神，神物不至。"乃作画云气车，及各以胜日驾车辟恶鬼。又作甘泉宫，中为台室，画天、地、泰一诸鬼神，而置祭具以致天神。居岁余，其方益衰，神不至。乃为帛书以饭牛，详不知，言曰此牛腹中有奇。杀视得书，书言甚怪。天子识其手书，问其人问其后人，果是伪书，于是诛文成将军【旁批】少君死，而信方益笃；文成诛，而求仙转甚。极形武帝之妄。隐之。【眉批】《汉书》云"此牛腹中有奇书，杀视得书"。试思：少翁不过言牛腹有奇物耳，不定是书也。若竟说是书，诈者拙矣。班氏只加一字，便失事情。又："天子识其手书"，去书字上文；少君者，故"深泽侯舍人"去"舍"字。此则班欲以减字见工，后人或喜效之。其实，文章之道不须尔也。

其后则又作柏梁、铜柱、承露仙人掌之属矣。

文成死明年，天子病鼎湖甚，巫医无所不致，不愈。游水发根言上郡有巫，病而鬼神下之。上召置祠之甘泉。及病，使人问神君。神君言曰："天子无忧病。病少愈，强与我会甘泉。"于是病愈，遂起，幸甘泉，病良已。大赦，置酒【眉批】徐孚远云："置酒"，《武纪》无"酒"字为当。按：《汉志》亦无之，此衍耳。寿宫神君。寿宫神君最贵者泰一，其佐曰大禁、司命之属，皆从之。非可得见，闻其言，言与人音等。时去时来，来则风肃然。居室帷中。时昼言，然常以夜。天子祓，然后入。因巫为主人，关饮食。所以言，行下。又置寿宫、北宫，张羽旗，设供具，以礼神君。神君所言，上使人受书其言，命之曰"书法"。其所语，世俗之所知也，无绝殊者，而天子心独喜。其事秘，世莫知也。

其后三年，有司言元宜以天瑞命，不宜以一二数。一元曰"建"，二元以长星曰"光"，三元以郊得一角兽曰"狩"云。【眉批】名"元"，起于瑞应，遂为后代正法。"元光"下有"元朔"，疑因新置"朔方"名之。此处恐有脱文。"三元"句，《汉志》作"今郊得一角兽曰'狩'云"，似是矣，实大谬也。按：《汉书·武纪》，立后土事在元鼎四年，则天瑞名元，乃元鼎三年。所议其建元、元光、元朔、元狩，皆是追命之名。即元鼎之号，亦是四年六月得鼎后所定耳。《汉纪》：于元鼎元年，复出得鼎汾上一事，以实名年之由。而郊雍获麟，系之元狩元年。以致诸事参差不合。盖《武纪》本书，既亡班固补作，以为因瑞名"元"，皆是改元当年之事，附会成文，不知始初追命之故。身居汉代，有此大误，正于此书未曾细读故也。考司马温公《通鉴》，于得鼎、名元事已辨之。惟获麟之年，尚仍班误。又按：《汉志》汾阴男子公孙滂洋等，见汾旁有光如绛，上遂立后土祠于汾阴脽上。此不著其事者，以武帝本意，欲于汾阴出鼎，而泽中圜邱议已前定，原不以见光定祠处也。于此，服史公之精。审少君言、文成言、大言、公孙卿言，述数方士最宠者，诞妄口语。前后相为章法。

其明年冬，天子郊雍，议曰："今上帝朕亲郊，而后土无祀，则礼不答也。"有司与太史公、祠官宽舒议："天地牲角茧栗。今陛下亲祠后土，后土宜于泽中圆丘为五坛，坛一黄犊太牢具，已祠尽瘗，而从祠衣上黄。"于是天子遂东，始立后土祠汾阴脽丘，如宽舒等议。

上亲望拜，如上帝礼。礼毕，天子遂至荥阳而还。过雒阳，下诏曰："三代邈绝，远矣难存。其以三十里地封周后为周子南君，以奉其先祀焉。"【旁批】封周后亦为祀事，故附著之。是岁，天子始巡郡县，侵寻于泰山矣。

　　其春，乐成侯上书言栾大。栾大，胶东宫人，故尝与文成将军同师，已而为胶东王尚方。而乐成侯姊为康王后，无子。康王死，他姬子立为王。而康后有淫行，与王不相中，相危以法。康后闻文成已死，而欲自媚于上，乃遣栾大因乐成侯求见言方。天子既诛文成，后悔其蚤死，惜其方不尽，及见栾大，大说。大为人长美，言多方略，而敢为大言，处之不疑。大言曰："臣常往来海中，见安期、羡门之属。顾以臣为贱，不信臣。又以为康王诸侯耳，不足与方。臣数言康王，康王又不用臣。臣之师曰：'黄金可成，而河决可塞，不死之药可得，仙人可致也。'然臣恐效文成，则方士皆奄口，恶敢言方哉！"上曰："文成食马肝死耳。子诚能修其方，我何爱乎！"大曰："臣师非有求人，人者求之。陛下必欲致之，则贵其使者，令有亲属，以客礼待之，勿卑，使各佩其信印，乃可使通言于神人。神人尚肯邪不邪。致尊其使，然后可致也。"于是上使验小方，斗棋，棋自相触击。

　　是时上方忧河决，【眉批】牵塞河入里，以上方忧此，故耳。而黄金不就。【旁批】补笔。乃拜大为五利将军。居月余，得四印，佩天士将军、地士将军、大通将军印。制诏御史："昔禹疏九江，决四渎。间者河溢皋陆，堤繇不息。朕临天下二十有八年，天若遗朕士而大通焉。乾称'蜚龙'，'鸿渐于般'，朕意庶几与焉。"【旁批】文辞雅妙。其以二千户封地士将军大为乐通侯。"赐列侯甲第，僮千人。乘舆斥车马帷幄器物以充其家。又以卫长公主妻之，赍金万斤，更名其邑曰当利公主。天子亲如五利之第。【眉批】武帝最吃亏此人为神仙一事，蹉跌至此。史官虽欲讳之，何可讳也？使者存问供给，相属于道。自大主将相以下，皆置酒其家，献遗之。于是天子又刻玉印曰"天道将军"，<u>使使衣羽衣，夜立白茅上</u>，<u>五利将军亦衣羽衣</u>，<u>夜立白茅上受印，以示不臣也</u>。<u>而佩"天道"者</u>，<u>且为天子道天神也</u>。于是五利常夜祠其家，<u>欲以下神</u>。<u>神未至而百鬼集矣</u>，<u>然颇能使之</u>。<u>其后装治行，东入海，求其师云</u>。大见数月，佩六印，贵震天下，<u>而海上燕齐之间，莫不扼腕而自言有禁方，能神仙矣</u>。

　　其夏六月中，汾阴巫锦为民祠魏脽后土营旁，见地如钩状，掊视得鼎。鼎大异于众鼎，文镂无款识，怪之，言吏。吏告河东太守胜，胜以闻。<u>天子使使验问巫得鼎无奸诈</u>，<u>乃以礼祠，迎鼎至甘泉，从行，上荐之</u>。【眉批】鼎定自诈，验问定自无诈。直叙此状，隐见诈者自上始。<u>至中山，曛暳，有黄云盖焉</u>。<u>有麃过，上自射之，因以祭云</u>。至长安，公卿大夫皆议请尊宝鼎。天子曰："间者河溢，岁数不登，故巡祭后土，祈为百姓育谷。今岁丰庑未报，鼎曷为出哉？"有司皆曰："闻昔泰帝兴神鼎一，一者一统，天地万物所系终也。黄帝作宝鼎三，象天地人。禹收九牧之金，铸九鼎。皆尝亨鬺上帝鬼神。遭圣则兴，鼎迁于夏商。周德衰，宋之社亡，鼎乃沦没，伏而不见。颂云'自堂徂基，自羊徂牛；鼐鼎及鼒，不吴不敖，胡考之休'。<u>今鼎至甘泉，光润龙变，承休无疆</u>。<u>合兹中山，有黄白云降盖，若兽为符</u>，【旁批】"盖"字句断，兽谓射麃。<u>路弓乘矢</u>，<u>集获坛下，报祠大享</u>。<u>唯受命而帝者心知其意而合德焉</u>。鼎宜见于祖祢，藏于帝廷，以合明应。"
【眉批】奏词高古，逼《尚书》。制曰："可。"

　　入海求蓬莱者，言蓬莱不远，而不能至者，殆不见其气。上乃遣望气佐候其气云。

　　其秋，上幸雍，且郊。或曰"五帝，泰一之佐也，宜立泰一而上亲郊之"。上疑未定。齐人公孙卿曰："今年得宝鼎，其冬辛巳朔旦冬至，与黄帝时等。"卿有札书曰："黄帝得宝鼎宛朐，问于鬼臾区。

鬼臾区对曰：'黄帝得宝鼎神策，是岁己酉朔旦冬至，得天之纪，终而复始。'于是黄帝迎日推策，后率二十岁复朔旦冬至，凡二十推，三百八十年，黄帝仙登于天。"卿因所忠欲奏之。所忠视其书不经，疑其妄书，谢曰："宝鼎事已决矣，尚何以为！"卿因嬖人奏之。上大说，乃召问卿。对曰："受此书申公，申公已死。"上曰："申公何人也？"卿曰："申公，齐人。与安期生通，受黄帝言，无书，独有此鼎书。曰'汉兴复当黄帝之时'。曰'汉之圣者在高祖之孙且曾孙也。宝鼎出而与神通，封禅。封禅七十二王，唯黄帝得上泰山封'。申公曰：'汉主亦当上封，上封则能仙登天矣。黄帝时万诸侯，而神灵之封居七千。【旁批】张晏说，山川之守者是。天下名山八，而三在蛮夷，五在中国。中国华山、首山、太室、泰山、东莱，此五山黄帝之所常游，与神会。黄帝且战且学仙。【眉批】且战且学仙，恰合武帝时事。患百姓非其道者，乃断斩非鬼神者。百余岁然后得与神通。黄帝郊雍上帝，宿三月。鬼臾区号大鸿，死葬雍，故鸿冢是也。其后黄帝接万灵明廷。明廷者，甘泉也。【眉批】甘泉硬证。所谓寒门者，谷口也。黄帝采首山铜，铸鼎于荆山下。鼎既成，有龙垂胡髯下迎黄帝。帝上骑，群臣后宫从上者七十余人，龙乃上去。余小臣不得上，乃悉持龙髯，龙髯拔，堕，堕黄帝之弓。【眉批】谁能为黄帝上仙图若此者。百姓仰望黄帝既上天，乃抱其弓与胡髯号，故后世因名其处曰鼎湖，其弓曰乌号。'"【眉批】卿状神仙事，最活脱，而立效最缓。故不得大幸，亦免罪诛。于是天子曰："嗟乎！吾诚得如黄帝，吾视去妻子如脱蹝耳。"乃拜卿为郎，东使候神于太室。

上遂郊雍，至陇西，西登崆峒，幸甘泉。令祠官宽舒等具太一祠坛，祠坛放薄忌太一坛，坛三垓。五帝坛环居其下，各如其方，黄帝西南，除八通鬼道。太一，其所用如雍一畤物，而加醴枣脯之属，杀一狸【旁批】"狸"，《汉》作"犛"。牛以为俎豆牢具。而五帝独有俎豆醴进。其下四方地，为醱食群臣从者及北斗云。已祠，胙余皆燎之。其牛色白，鹿居其中，彘在鹿中，水而洎之。祭日以牛，祭月以羊彘特。泰一祝宰则衣紫及绣。五帝各如其色，日赤，月白。

十一月辛巳朔旦冬至，昧爽，天子始郊拜太一。朝朝日，夕夕月，则揖；而见太一如雍郊礼。其赞飨曰："天始以宝鼎神策授皇帝，朔而又朔，终而复始，皇帝敬拜见焉。"【眉批】冬至，郊拜太一，却已合古典祀。故叙此特加矜重，而礼文亦详载之。善读者，则知史公之所取舍矣。而衣上黄。其祠列火满坛，坛旁烹炊具。有司云"祠上有光焉"。公卿言"皇帝始郊见太一云阳，有司奉瑄玉嘉牲荐飨。是夜有美光，及昼，黄气上属天"。太史公、祠官宽舒等曰："神灵之休，佑福兆祥，宜因此地光域立太畤坛以明应。令太祝领，秋及腊间祠。三岁天子一郊见。"

其秋，为伐南越，告祷太一。以牡荆画幡日月北斗登龙，以象太一三星，为太一锋，命曰"灵旗"。为兵祷，则太史奉以指所伐国。而五利将军【旁批】接。使不敢入海，之泰山祠。上使人随验，实毋所见。【眉批】栾大宠贵至盛，却只办求仙不得与事，又卒以无验被诛。汉武之荒唐，固未掩其英断也。五利妄言见其师，其方尽，多不雠。上乃诛五利。

其冬，公孙卿候神河南，言见仙人迹缑氏城上，有物如雉，往来城上。【旁批】公孙只此一著。天子亲幸缑氏城视迹。问卿："得毋效文成、五利乎？"卿曰："仙者非有求人主，人主者求之。其道非少宽假，神不来。言神事，事如迂诞，积以岁乃可致也。"于是郡国各除道，缮治宫观名山神祠所，【旁批】劳费尤大。以望幸也。

其春，既灭南越，上有嬖臣李延年以好音见。上善之，下公卿议，曰："民间祠尚有鼓舞乐，今郊祀而无乐，岂称乎？"【眉批】郊祀用乐，乃因李协律进幸始起，此议可叹。公卿曰："古者祠天地皆有乐，而神祇可得而礼。"或曰："太帝使素女鼓五十弦瑟，悲，帝禁不止，故破其瑟为二十五弦。"于是赛南越，祷祠太一、后土，始用乐舞，益召歌儿，作二十五弦及空侯琴瑟自此起。

其来年冬，上议曰："古者先振兵释旅，然后封禅。"乃遂北巡朔方，勒兵十余万，还祭黄帝冢桥山，释兵须如。上曰："吾闻黄帝不死，今有冢，何也？"或对曰："黄帝已仙上天，群臣葬其衣冠。"【眉批】几破此案。既至甘泉，为且用事泰山，先类祠太一。

自得宝鼎，上与公卿诸生议封禅。封禅用希旷绝，莫知其仪礼，而群儒采封禅尚书、周官、王制之望祀射牛事。齐人丁公年九十余，曰："封禅者，合不死之名也。秦皇帝不得上封。陛下必欲上，稍上即无风雨，遂上封矣。"【眉批】总叙前后，议封禅仪事，只记大略，而卒归之方士。丁公，盖齐老儒，希世，为此语，而封禅本事，正是如此。上于是乃令诸儒习射牛，草封禅仪。【旁批】自得鼎之岁至此时。数年，至且行。天子既闻公孙卿及方士之言，黄帝以上封禅，皆致怪物与神通，欲放黄帝以上接神仙人蓬莱士，高世比德于九皇，而颇采儒术以文之。群儒既已不能辨明封禅事，又牵拘于诗书古文而不能骋。上为封禅【旁批】从"天子既闻"字，至此七十六字，可总为一句读之。祠器示群儒，群儒或曰"不与古同"，徐偃又曰"太常诸生行礼不如鲁善"，周霸属图封禅事，于是上绌偃、霸，而尽罢诸儒不用。

三月，遂东幸缑氏，礼登中岳太室。从官在山下，闻若有言"万岁"云。问上，上不言；问下，下不言。于是以三百户封太室奉祠，命曰崇高邑。东上泰山，泰山之草木叶未生，乃令人上石立之泰山巅。

上遂东巡海上，行礼祠八神。齐人之上疏言神怪奇方者以万数，然无验者。乃益发船，令言海中神山者数千人求蓬莱神人。公孙卿持节常先行候名山，至东莱，言夜见大人，长数丈，就之则不见，见其迹甚大，类禽兽云。群臣有【旁批】"有"，音"又"，《汉》作"又"。言见一老父牵狗，言"吾欲见巨公"，已忽不见。上即见大迹，未信，及群臣有言<u>老父，则大以为仙人也</u>。宿留海上，予方士传车及间使求仙人以千数。

四月，还至奉高。上念诸儒及方士言封禅人人殊，不经，难施行。天子至梁父，礼祠地主。乙卯，令侍中儒者皮弁荐绅，射牛行事。封泰山下东方，<u>如郊祠太一之礼</u>。封广丈二尺，高九尺，其下则有玉牒书，书秘。礼毕，天子独与侍中奉车子侯上泰山，亦有封。<u>其事皆禁</u>。【眉批】"封必禁秘"者，特自为求仙语，不堪使人闻；又必方士，有不可令人得知之说。明日，下阴道。丙辰，禅泰山下阯东北肃然山，<u>如祭后土礼</u>。天子皆亲拜见，衣上黄而尽用乐焉。<u>江淮间一茅三脊为神藉。五色土益杂封</u>。<u>纵远方奇兽蜚禽及白雉诸物</u>，<u>颇以加礼</u>。兕牛犀象之属不用。<u>皆至泰山祭后土</u>。<u>封禅祠；其夜若有光，昼有白云起封中</u>。【眉批】"皆至泰山"句断："祭后土，封禅祠，其夜若有光。"谓丙辰之夜。

<u>天子从禅还，坐明堂</u>，【眉批】《汉书·武纪》：元封元年。臣瓒注曰：《郊祀志》天子封泰山，泰山东北址，古时有明堂处，则此所坐者也。明年秋，乃作明堂耳。盖《武纪》作明堂，在元封二年秋也。窃疑古明堂纵得至汉武时未毁，如何尚堪临坐？且忠文但云有其遗处耳，不云明堂见在，果见在者，何以汉武欲作明堂？又未晓制度乎？若谓此年止于古明堂处张设幄坐，后年始依公玉带图而作之，则史公于此文不宜蒙混乃尔。细就此书本文绎之，此所坐者，当即武帝自立之明堂。但此年不过禅，还降坐至五年修封之日始，全用公玉带之说。自昆仑道拜祠明堂，又放古宗祀之典，配祠高帝、太一。故《史》于此文，只出"明堂"字，而具其原委于彼，正叙事、推移妙处。班固作书不达史公文义，以为明堂之作，竟在登封之后。《武纪》之文，妄意补缀，与名年事实同出私撰。世有深思明辨之君子，必知吾言之不诬矣。<u>群臣更上寿</u>。于是制诏御史："朕以眇眇之身承至尊，兢兢焉惧不任。维德菲薄，不明于礼乐。修祠太一，若有象景光，屑如有望，震于怪物，欲止不敢，遂登封泰山，至于梁父，而后禅肃然。<u>自新</u>，<u>嘉与士大夫更始</u>，赐民百户牛一

酒十石，加年八十孤寡布帛二匹。复博、奉高、蛇丘、历城，无出今年租税。其大赦天下，如乙卯赦令。行所过毋有复作。事在二年前，皆勿听治。"又下诏曰："古者天子五载一巡狩，用事泰山，诸侯有朝宿地。其令诸侯各治邸泰山下。"

天子既已封泰山，无风雨灾，而方士更言蓬莱诸神若将可得，于是上欣然庶几遇之，乃复东至海上望，冀遇蓬莱焉。奉车子侯暴病，一日死。【旁批】恐泄封事故。上乃遂去，并海上，北至碣石，巡自辽西，历北边至九原。五月，反至甘泉。有司言宝鼎出为元鼎，以今年为元封元年。

其秋，有星茀于东井。后十余日，有星茀于三能。望气王朔言："候独见填星出如瓜，食顷复入焉。"有司皆曰："陛下建汉家封禅，天其报德星云。"【旁批】为有旗星事，特著二茀，以明其诬罔。史公天官家，星历其职掌，盖谓我只见二茀。而王朔乃独见旗星，举朝又和之，殆不胜愤恨。非事微，文刺讥也。

其来年冬，郊雍五帝。还，拜祝祠太一。赞飨曰："德星昭衍，厥维休祥。寿星仍出，渊耀光明。信星昭见，皇帝敬拜太祝之享。"

其春，公孙卿言见神人东莱山，若云"欲见天子"。天子于是幸缑氏城，拜卿为中大夫。遂至东莱，宿留之数日，无所见，见大人迹云。复遣方士求神怪采芝药以千数。是岁旱。于是天子既出无名，乃祷万里沙，过祠泰山。还至瓠子，自临塞决河，留二日，沈祠而去。使二卿将卒塞决河，徙二渠，复禹之故迹焉。

是时既灭两越，越人勇之乃言"越人俗鬼，而其祠皆见鬼，数有效。昔东瓯王敬鬼，寿百六十岁。后世怠慢，故衰耗"。【眉批】神仙难得，又冀敬鬼。殊寿汉武只一意，畏死耳！乃令越巫立越祝祠，安台无坛，亦祠天神上帝百鬼，而以鸡卜。上信之，越祠鸡卜始用。

公孙卿曰："仙人可见，而上往常遽，以故不见。今陛下可为观，如缑城，置脯枣，神人宜可致也。且仙人好楼居。"于是上令长安则作蜚廉桂观，甘泉则作益延寿观，使卿持节设具而候神人。乃作通天茎台，置祠具其下，将招来仙神人之属。于是甘泉更置前殿，始广诸宫室。夏，有芝生殿房内中。天子为塞河，兴通天台，若见有光云，乃下诏："甘泉房中生芝九茎，赦天下，毋有复作。"

其明年，伐朝鲜。夏，旱。公孙卿曰："黄帝时封则天旱，乾封三年。"上乃下诏曰："天旱，意乾封乎？其令天下尊祠灵星焉。"【眉批】元封四年，《汉书》仍有幸河东祠后土事。六年亦有之，此书并省去。

其明年，上郊雍，通回中道，巡之。春，至鸣泽，从西河归。

其明年冬，上巡南郡，至江陵而东。登礼潜之天柱山，号曰南岳。【旁批】所谓偏于五岳者。浮江，自寻阳出枞阳，过彭蠡，礼其名山川。北至琅邪，并海上。四月中，至奉高修封焉。

初，天子封泰山，泰山东北阯古时有明堂处，处险不敞。上欲治明堂奉高旁，未晓其制度。济南人公玉带上黄帝时《明堂图》。《明堂图》中有一殿，四面无壁，以茅盖，通水，圜宫垣为复道，上有楼，从西南入，命曰昆仑，天子从之入，以拜祠上帝焉。于是上令奉高作明堂汶上，如带图。及五年修封，则祠太一、五帝于明堂上坐，令高皇帝祠坐对之。祠后土于下房，以二十太牢。天子从昆仑道入，始拜明堂如郊礼。礼毕，燎堂下。而上又上泰山，自有秘祠其巅。而泰山下祠五帝，各如其方，黄帝并赤帝，而有司侍祠焉。山上举火，下悉应之。

其后二岁，【旁批】太初元年。十一月甲子朔旦冬至，推历者以本统。天子亲至泰山，以十一月甲子朔旦冬至日祠上帝明堂，毋修封禅。其赞飨曰："天增授皇帝太元神策，周而复始。皇帝敬拜太一。"东至海上，考入海及方士求神者，莫验，然益遣，冀遇之。

十一月乙酉，【旁批】重出"十一月"字，亦文法不得不尔。柏梁灾。

十二月甲午朔，上亲禅高里，祠后土。临渤海，将以望祀蓬莱之属，冀至殊廷焉。

上还，以柏梁灾故，<u>朝受计甘泉</u>。公孙卿曰："黄帝就青灵台，十二日烧，黄帝乃治明廷。明廷，甘泉也。"<u>方士多言古帝王有都甘泉者</u>。【旁批】甘泉是京师求仙大处所。其后天子又朝诸侯甘泉，甘泉作诸侯邸。勇之乃曰："越俗有火灾，复起屋必以大，用胜服之。"于是作建章宫，度为千门万户。前殿度高未央。其东则凤阙，高二十余丈。其西则唐中，数十里虎圈。其北治大池，渐台高二十余丈，命曰<u>太液池</u>，<u>中有蓬莱、方丈、瀛洲、壶梁</u>，象海中神山龟鱼之属。其南有玉堂、璧门、大鸟之属。乃立神明台、井幹楼，度五十丈，辇道相属焉。

<u>夏，汉改历，</u>【旁批】正言改历事，语特严重。以正月为岁首，而色上黄，官名更印章以五字，为太初元年。是岁，西伐大宛。蝗大起。丁夫人、雒阳虞初等以方祠诅匈奴、大宛焉。

其明年，有司上言雍五畤无牢熟具，芬芳不备。【旁批】礼物稍改，易处并详核。乃令祠官进畤犊牢具，色食所胜，而以木禺马代驹焉。独五月尝驹，行亲郊用驹。及诸名山川用驹者，悉以木禺马代。行过，乃用驹。他礼如故。

其明年，东巡海上，考神仙之属，未有验者。方士有言"黄帝时为五城十二楼，以候神人于执期，命曰迎年"。上许作之如方，命曰明年。上亲礼祠上帝焉。

公玉带曰："黄帝时虽封泰山，然风后、封臣、【眉批】'封臣'，应劭曰：'黄帝师。'按：《汉志》作'封钜'，此'臣'当作'巨'。岐伯令黄帝封东泰山，禅凡山，合符，然后不死焉。"天子既令设祠具，至东泰山，泰山卑小，不称其声，乃令祠官礼之，而不封禅焉。【旁批】泰山封矣，又出东泰山。方士敢以人主为戏如此。其后令带奉祠候神物。夏，遂还泰山，修五年之礼如前，而加以禅祠石闾。石闾者，在泰山下阯南方，方士多言此仙人之闾也，故上亲禅焉。

其后五年，【旁批】天汉三年。复至泰山修封。还过祭恒山。

今天子所兴祠，太一、后土，三年亲郊祠，建汉家封禅，五年一修封。薄忌太一及三一、冥羊、马行、赤星，五，宽舒之祠官【眉批】"五，宽舒祠官"，《索隐》牵强解之。《汉志》"五"下有"床"字，此脱之耳。"祠官"，汉作"祠宫"为是。盖因上文祠官宽舒而误者，五床，祠宫必宽舒所起，故以属之与"薄忌太一、三一、冥羊、马行、赤星而六也，"五床，山名也。《汉志》后文著之。以岁时致礼。凡六祠，皆太祝领之。至如八神，诸明年、凡山他名祠，行过则祠，行去则已。方士所兴祠，各自主，其人终则已，祠官不主。他祠皆如其故。今上封禅，其后十二岁而还，遍于五岳、四渎矣。而方士之候祠神人，入海求蓬莱，终无有验。而公孙卿之候神者，犹以大人之迹为解，无有效。天子益怠厌方士之怪迂语矣，然羁縻不绝，冀遇其真。自此之后，方士言神祠者弥众，然其效可睹矣。【眉批】一语总结，扫尽神仙、抹却封禅一大事矣。

太史公曰：余从巡祭天地诸神名山川而封禅焉。入寿宫侍祠神语，究观方士祠官之意，【旁批】封禅不在此外。于是退而论次。自古以来用事于鬼神者，【旁批】见此书，是非已有定断。具见其表里。后有君子，得以览焉。若至俎豆珪币之详，献酬之礼，则有司存。

【总评】"封禅事，于经典实无依据。"管子语。盖七国时，齐人所托为。自驺衍肆谈天之口，而燕、齐间方仙道炽，依于鬼神之事，阿谀世主，争言封禅得仙。泰山古明堂处，王迹已绝息。数百年，古老旧谈，易滋讹慢。而齐世有"地主"一祠，仿佛封禅之遗。至海上之游，则远想者尤快焉。邹氏阴阳名家，言多方怪，而封禅又推原管氏，历称上古。当时小儒，遂不能明据其无有，亦以谓古典有之，礼仪亡阙，但非仙家事耳。威、宣、燕昭已有惑志。"及秦帝，而齐人奏之，始皇采用"其语，外托典礼以崇大名，内冀超举以骋私愿，无稽不经之说，乃赫然为帝王之盛事。余读史公此书，推寻兹事本末，而知其决然如此无疑也。此书首揭《尚书·周官》所称郊祀社稷、山川之祀，条具明白。而汉时帝時之失，本自秦旧，汾阴后土，议发新垣，其他淫祠鬼怪，无待辨音。至于封禅一节，朝廷极意崇饰，儒生竞相附和，旷世钜文，畴敢异议！况身为史官，义在实录，故遂以《封禅》名书，登之郊社、太一、后土之上。事实名称，悉为符协。要其微意，则谓孔子所不道，缙绅所难言，大抵仙者之说云耳。而一切事鬼、求仙、轻举妄动，本自首尾不容断割。特其指数过于穷尽，语气无非嘲诮。向令不被刑祸，为书岂至于此。吾于史公当日君臣之谊有深惜焉。

　　善读史公书者，读起处数语，已知史公不满封禅，却不敢不貌崇其事。词气抑扬，极为笔妙。及历叙虞、夏、殷、周祠祀事，而结之曰："郊社所从来尚矣。"见得古文但有郊社，并无封禅。接入秦事，详著五時始末，以徵郊祀之所由失，并及杜主陈宝等。明淫鬼之所自盛，而以秦穆上天荒唐之传，引入齐桓封禅。乃隐证齐桓、管子之语，皆是后人造作。又提出孔子删述六艺，所谓七十二君之事，绝未道及。封禅之诬，何足深辨？而又结之曰："成王之封禅则近之矣。"与起处一例将无作有，言婉意微，不得不尔。至叙秦始皇，直入封禅、求仙，而后补出齐人奏书原委。固叙事变化之妙，而封禅语所由起，尤在隐显间矣。若李少君、公孙卿极言黄皇封禅得仙，而又出齐人丁公之语曰："封禅者，合不死之名也。"借此老人一语，为封禅解题的义。于此见史公绝识，迥非汉世陋儒之比。而此书结撰苦心，尤使人寻觅不尽。近世有评论古文之家，乃云："此书牵合封禅、祷祀、神仙为一事。"又谓史公"重封禅而斥神仙"。甚矣夫！读书之难也。

秦皇、汉武为人，广已造大。封禅但有高世主之称，犹勇为之，况得仙耶？然始皇用事颇遽，汉武独久迟之，何也？秦皇年衰，而汉武齿壮，欲令符瑞休洽，然后为之。故自其初立，即有封禅之议。卒稽留弥岁，托为谦让未遑之旨，从容布置。虽相如为书劝成，又缓之七八年也。汾阴后土，自新垣败露，久置不议。武帝复修其故，正以封禅为郊社、合祀之大者。则太一后土，俱宜先事，而汾阴尤便出鼎，用发瑞应。宝鼎既出，封事始决，而又需之三岁后者，为诸儒草仪不定故也。按《汉书·艺文志》：礼家有《古封禅群祀》二十二篇，《封禅议对》十九篇，《汉封禅群祀》三十六篇。则可知当时聚讼之纷哓矣。史迁父子未必不在议中，而谈公以留滞周南不得与事为恨，遑敢直言正议，以取罪尤乎？若史公先日以此事忤主遭祸，胜似争李陵矣。

班固改此书作《郊祀志》，非独以封禅义不遵古。乃以汉自武帝后，无复增修封禅之事。而甘泉、汾阴之祀，屡有兴废。成帝世，匡衡议定南北郊，最为正大，符合古礼。故迁史宜目封禅，固史必称郊祀，义各有当也。但恨固才识庸短，不能尽改迁书，而但妄更字句，与其续编文字、体例全不相入。若使高手为之，必于此书武帝时事，大有删削，而备列相如书儿堪议于其间，使封禅一事虽杂方仙，尚不失为一朝讹谬之典礼，而吾书亦卓然史官润色之文章矣。班氏剽掇成篇，遂垂千古，可胜叹哉！

河渠书

《夏书》曰：禹抑洪水十三年，过家不入门。陆行载车，水行载舟，泥行蹈毳，山行即桥。以别九州，随山浚川，任土作贡。通九道，陂九泽，度九山。<u>然河灾衍溢，</u>【旁批】提明河事。<u>害中国也尤甚。</u>唯是为务。故道河自积石历龙门，南到华阴，东下砥柱，及孟津、雒汭，至于大邳。<u>于是禹以为河所从来者高，</u><u>水湍悍，</u><u>难以行平地，</u><u>数为败，</u><u>乃厮二渠以引其河。</u>【旁批】千古河患缘由，尽在此矣。<u>北载之高地，</u>过降水，至于大陆，播为九河，同为逆河，入于勃海。九川既疏，九泽既洒，诸夏艾安，功施于三代。

自是之后，【旁批】接提渠事。<u>荥阳下引河东南为鸿沟，</u>以通宋、郑、陈、蔡、曹、卫，与济、汝、淮、泗会。于楚，西方则通渠汉水、云梦之野，东方则通鸿沟江淮之间。于吴，则通渠三江、五湖。于齐，则通菑济之间。于蜀，蜀守冰凿离碓，辟沫水之害，穿二江成都之中。<u>此渠皆可行舟，</u>有余则用溉浸，<u>百姓飨其利。</u>至于所过，往往引其水益用溉田畴之渠，以万亿计，然莫足数也。

西门豹引漳水溉邺，以富魏之河内。【旁批】独数一二大者，以见水利。【眉批】引漳本史起事，因魏文侯语连西门豹，偶误耳。《汉书》遂增入"文侯饮酒"一段，大碍文气，其实只需改文云："魏文侯时，史起引漳水溉邺。"云云便得。

而韩闻秦之好兴事，欲罢之，毋令东伐，乃使水工郑国间说秦，令凿泾水自中山西邸瓠口为渠，并北山东注洛三百余里，欲以溉田。中作而觉，秦欲杀郑国。郑国曰："始臣为间，然渠成亦秦之利也。"秦以为然，卒使就渠。渠就，用注填阏之水，溉泽卤之地四万余顷，收皆亩一钟。于是关中为沃野，无凶年，秦以富强，卒并诸侯，因命曰郑国渠。

汉兴三十九年，孝文时河决酸枣，东溃金堤，于是东郡大兴卒塞之。【眉批】河害。

其后四十有余年，今天子元光之中，而河决于瓠子，东南注钜野，通于淮、泗。于是天子使汲黯、郑当时与人徒塞之，辄复坏。是时武安侯田蚡为丞相，其奉邑食鄃。<u>鄃居河北，河决而南则鄃无水灾，邑收多。</u>蚡言于上曰："江河之决皆天事，未易以人力为强塞，塞之未必应天。"<u>而望气用数者亦以为然。于是天子久之不事复塞也。</u>【眉批】气数人附蚡为言，而汉武实以此故，久稽河事。

是时郑当时为大农，【旁批】接入渠事。言曰："异时关东漕粟【眉批】渭渠大利。从渭中上，度六月而罢，而漕水道九百余里，时有难处。引渭穿渠起长安，并南山下，至河三百余里，径，易漕，度可令三月罢；而渠下民田万余顷，又可得以溉田：<u>此损漕省卒，而益肥关中之地，得谷。</u>"天子以为然，【眉批】"天子以为然"，凡三句，前后相为章法。令齐人水工徐伯表，悉发卒数万人穿漕渠，三岁而通。【旁批】总计一语最为笔力。通，以漕，大便利。其后漕稍多，而渠下之民颇得以溉田矣。

其后河东守番係言："漕从山东西，岁百余万石，更砥柱之限，败亡甚多，而亦烦费。穿渠引汾溉皮氏、汾阴下，引河溉汾阴、蒲坂下，度可得五千顷。<u>五千顷故尽河壖弃地，民茭牧其中耳，今溉田之，度可得谷二百万石以上。谷从渭上，与关中无异，而砥柱之东可无复漕。</u>"【旁批】口讲指画，读此书，便如见此人说事。天子以为然，发卒数万人作渠田。数岁，河移徙，渠不利，则田者不能偿种。【眉批】河东渠无利。久之，河东渠田废，予越人，令少府以为稍入。

其后人有上书欲通襃斜道及漕，事下御史大夫张汤。汤问其事，因言："抵蜀从故道，故道多阪，回远。今穿襃斜道，少阪，近四百里；而襃水通沔，斜水通渭，皆可以行船漕。<u>漕从南阳上沔入襃，襃之绝水至斜，间百余里，以车转，从斜下下渭。</u>"【旁批】刻画精绝五伦，字字皆如铁铸。如此，汉中之谷可致，山东从沔无限，便于砥柱之漕。且褒斜材木竹箭之饶，拟于巴蜀。"天子以为然，拜汤子卬为汉中守，发数万人作褒斜道五百余里。道果便近，而水湍石，不可漕。【眉批】褒斜利害平。

　　其后庄熊罴言："临晋民愿穿洛以溉重泉以东万余顷故卤地。诚得水，可令亩十石。"【眉批】井渠稍利。于是为发卒万余人穿渠，自征引洛水至商颜下。岸善崩，乃凿井，深者四十余丈。往往为井，井下相通行水。 水颓以绝商颜，东至山岭十余里间。【旁批】此事尤难明了，虽史公如此叙，尚未易解其做法。井渠之生自此始。穿渠得龙骨，故名曰龙首渠。作之十余岁，渠颇通，犹未得其饶。【眉批】久不塞，河颇用。气数家言，然栾大言、神仙亦称"河决可塞"，故卒塞之。文连封禅，为其事颇相涉也。又因旱少雨，故便塞决。夹入"乾封"字，未免为封禅寄嘲。

　　自河决瓠子【旁批】遥接河事。后二十余岁，岁因以数不登，而梁楚之地尤甚。天子既封禅巡祭山川，其明年，旱，乾封少雨。天子乃使汲仁、郭昌发卒数万人塞瓠子决。于是天子已用事万里沙，则还自临决河，沈白马玉璧于河，令群臣从官自将军已下皆负薪寘决河。是时东流郡烧草，以故薪柴少，【旁批】为歌中"薪不属"句注著。而下淇园之竹以为楗。

　　天子既临河决，悼功之不成，乃作歌曰："瓠子决兮将奈何？皓皓旰旰兮闾殚为河！殚为河兮地不得宁，功无已时兮吾山平。吾山平兮钜野溢，鱼拂郁兮柏冬日。延道弛兮离常流，蛟龙骋兮方远游。归旧川兮神哉沛，不封禅兮安知外！为我谓河伯兮何不仁，泛滥不止兮愁吾人？啮桑浮兮淮、泗满，久不反兮水维缓。"【眉批】汉武高才，史迁奇爱。此诗有助其书，故备征之，赞语又及之也。《汉书》歌辞微有异。如"皇谓河公兮何不仁？"必班氏妄改。武帝作诗，岂自称皇耶？一曰："河汤汤兮激潺湲，北渡污兮浚流难。搴长茭兮沈美玉，河伯许兮薪不属。薪不属兮卫人罪，烧萧条兮噫乎何以御水！颓林竹兮楗石菑，宣房塞兮万福来。"于是卒塞瓠子，筑宫其上，名曰宣房宫。而道河北行二渠，复禹旧迹，而梁、楚之地复宁，无水灾。【眉批】塞河大利。

自是之后，用事者争言水利。朔方、西河、河西、酒泉皆引河及川谷以溉田；而关中辅渠、灵轵引堵水；【眉批】"堵水"，《汉志》作"诸川"，则"堵"当作"诸"。汝南、九江引淮；东海引钜定；太山下引汶水：皆穿渠为溉田，各万余顷。佗小渠披山通道者，不可胜言。然其著者在宣房。

太史公曰：余南登庐山，观禹疏九江，遂至于会稽太湟，上姑苏，望五湖；东窥洛汭、大邳，迎河，行淮、泗、济、漯洛渠；【旁批】数水与河通，文字精密。西瞻蜀之岷山及离碓；北自龙门至于朔方。曰：甚哉，【旁批】一语论断，两字归结。水之为利害也！余从负薪塞宣房，悲瓠子之诗而作《河渠书》。

【总评】以河主书而渠附焉。目曰"河渠"，最为徵实。而孝武世，河事自在首尾，中间多有渠事。史公叙述，本其自然，非有强作。至所称举数事，情形事势，乃为手口所不能到。窥得此妙，方可与语史才。

"利害"二字，为此书关键，是人所知也。至河决、塞河，为当时利害第一。武帝乃以左道乱之，史公不能无议，而寄之有意无意之间。非深识者，未易探取。

河行东南，乘高易败。龙门高识，洞烛万古。而自七国世，井田、沟洫废坏，人始争利渠溉，往往劳费难就。故后世西北水事渐衰矣。至都下引漕，尤为紧急。史公著书无多，而当时河渠，大概了然可知，后人撰志动满数十纸，读者犹恍惚想似而不得其的，何耶？

平准书

汉兴，接秦之弊，丈夫从军旅，老弱转粮饷，作业剧而财匮，自天子不能具钧驷，而将相或乘牛车，齐民无藏盖。【旁批】储氏评曰："以极衰之天下，而高、文、景能使之盛，此鱼藻之义。"余谓不然。国家初年，承大乱后，物力自然耗屈。安定数十年，亦自滋息。史官纪实，非为讽刺始然。【眉批】原养马。于是为秦钱重难用，更令民铸钱，【眉批】原铸钱。一黄金一斤，约法省禁。而不轨逐利之民，蓄积余业以稽市物，物踊腾粜，米至石万钱，马一匹则百金。

天下已平，高祖乃令贾人不得衣丝乘车，重租税以困辱之。【旁批】商贾偏重已久。孝惠、高后时，为天下初定，复弛商贾之律，然市井之子孙亦不得仕宦为吏。【旁批】与后吏多贾人相照。量吏禄，度官用，以赋于民。而山川园池市井租税之入，自天子以至于封君汤沐邑，皆各为私奉养焉，不领于天下之经费。【旁批】与大农领山海县官，作盐铁相照。【眉批】原盐铁市税。漕转山东粟，以给中都官，岁不过数十万石。【眉批】原漕粟。【旁批】与四百万、六百万石相照。

至孝文时，荚钱益多，轻，乃更铸四铢钱，其文为"半两"，令民纵得自铸钱。故吴，诸侯也，以即山铸钱，富埒天子，其后卒以叛逆。邓通，大夫也，以铸钱财过王者。故吴、邓氏钱布天下，而铸钱之禁生焉。

匈奴数侵盗北边，屯戍者多，边粟不足给食当食者。于是募民能输及转粟于边者拜爵，爵得至大庶长。【眉批】原输转拜爵。

孝景时，上郡以西旱，亦复修卖爵令，而贱其价以招民；及徒复作，得输粟县官以除罪。益造苑马以广用，而宫室列观舆马益增修矣。

至今上即位数岁，汉兴七十余年之间，国家无事，非遇水旱之灾，民则人给家足，都鄙廪庾皆满，而府库余货财。 京师之钱累巨万，贯朽而不可校。太仓之粟陈陈相因，充溢露积于外，至腐败不可食。众庶街巷有马，阡陌之间成群，而乘字牝者摈而不得聚会。守闾阎者食粱肉，为吏者长子孙，居官者以为姓号。【旁批】照后吏多废免。故人人自爱而重犯法，先行义而后绌耻辱焉。当是之时，网疏而民富，【旁批】照后急法。役财骄溢或至兼并豪党之徒，以武断于乡曲。宗室有土公卿大夫以下，争于奢侈，室庐舆服僭于上，无限度。物盛而衰，固其变也。【旁批】一篇转关。所谓事势之流，相激使然者。【眉批】汉初，与民休息，几百年物力之盛，自然如此。然盛者衰征，此间原有气数。而人主志盈气溢，便生事端；才生事端，便乏财用。古今国家每如此。史公要为孝武耗败起案，极口充足时事，使读者津津想味其盛，由其笔妙也。又按：此段文字，全为下文多事耗财，及困夺豪富作原起。《汉书·食货志》用之，而下续言田功事，绝少味矣。

自是之后，严助、朱买臣等招来东瓯，【旁批】建元二年。事两越，江淮之间萧然烦费矣。唐蒙、司马相如开路西南夷，凿山通道千余里，以广巴蜀，巴蜀之民罢焉。彭吴贾灭朝鲜，【眉批】"彭吴贾灭朝鲜"，《汉书》作"彭吴穿秽貊朝鲜"，而于《朝鲜传》皆无所见。置沧海之郡，【旁批】元光二年。则燕齐之间靡然发动。及王恢设谋马邑，匈奴绝和亲，侵扰北边，兵连而不解，天下苦【旁批】匈奴事患最大。其劳，而干戈日滋。行者赍，居者送，中外骚扰而相奉，百姓抏弊以巧法，财赂衰耗而不赡。【旁批】总冒后事。入物者补官，出货者除罪，选举陵迟，廉耻相冒，武力进用，法严令具。兴利之臣自此始也。

其后汉将岁以数万骑出击胡，及车骑将军卫青取匈奴河南地，筑朔方。【旁批】储氏云，耗财大半在击胡，而益以他事。当是时，汉通西南夷道，作者数万人，千里负担馈粮，率十余钟致一石，散币于邛僰以集之。数岁道不通，蛮夷因以数攻，吏发兵诛之。悉巴蜀租赋不足以更之，乃募豪民田南夷，入粟县官，而内受钱于都内。【旁批】徐孚远曰："此即后世开中之始。"东至沧海之郡，人徒之费拟于南夷。又兴十万余人筑卫朔方，转漕甚辽远，自山东咸被其劳，费数十百巨万，府库益虚。乃募民能入奴婢得以终身复，为郎增秩，及入羊为郎，始于此。

其后四年，【旁批】元朔五年。而汉遣大将将六将军，军十余万，击右贤王，获首虏五千级。明年，大将军将六将军仍再出击胡，得首虏万九千级。捕斩首虏之士【旁批】合两年。受赐黄金二十余万斤，虏数万人皆得厚赏，衣食仰给县官；而汉军之士马死者十余万，兵甲之财转漕之费不与焉。于是大农陈藏钱经耗，赋税既竭，犹不足以奉战士。【旁批】文景累世之积，至此尽耗。后乃为一切之法。有司言："天子曰'朕闻五帝之教不相复而治，禹汤之法不同道而王，所由殊路，而建德一也。北边未安，朕甚悼之。日者，大将军攻匈奴，斩首虏万九千级，留滞无所食。议令民得买爵及赎禁锢免减罪'。请置赏官，命曰武功爵。级十七万，凡直三十余万金。诸买武功爵官首者试补吏，先除；千夫如五大夫；其有罪又减二等；爵得至乐卿：以显军功。"军功多用越等，大者封侯卿大夫，小者郎吏。吏道杂而多端，则官职耗废。

自公孙弘以《春秋》之义绳臣下取汉相，张汤用峻文决理为廷尉，于是见知之法生，而废格沮诽穷治之狱用矣。【旁批】国家专务利事，必用急法行之刑罚、赋敛，两者决然相倚如此。【眉批】公孙以《春秋》附急法，张汤以急法附《春秋》，两人相助为事。史公责备公孙，真具绝识。观公孙为买臣所难，遂请罢西南夷，专奉朔方，阿意人主。天下日多事矣。其明年，淮南、衡山、江都王谋反迹见，而公卿寻端治之，竟其党与，而坐死者数万人，长吏益惨急而法令明察。

当是之时，招尊方正贤良文学之士，或至公卿大夫。公孙弘以汉相，布被，食不重味，为天下先。然无益于俗，稍鹜于功利矣。

其明年，骠骑仍再出击胡，获首四万。其秋，浑邪王率数万之众来降，于是汉发车二万乘迎之。既至，受赏，赐及有功之士。是岁费凡百余巨万。

初，先是往十余岁河决观，梁楚之地固已数困，而缘河之郡堤塞河，辄决坏，费不可胜计。其后番係欲省砥柱之漕，穿汾、河渠以为溉田，作者数万人；郑当时为渭漕渠回远，凿直渠自长安至华阴，作者数万人；朔方亦穿渠，作者数万人：各历二三期，功未就，费亦各巨万十数。【眉批】河渠原属事宜，然叙官费事必详之。

天子为伐胡，盛养马，马之来食长安者数万匹，卒牵掌者关中不足，乃调旁近郡。而胡降者接本年浑邪事。皆衣食县官，县官不给，天子乃损膳，解乘舆驷，出御府禁藏以赡之。【眉批】养马亦积年事，于此一概追叙。

其明年，山东被水灾，民多饥乏，于是天子遣使者虚郡国仓廥以赈贫民。犹不足，又募豪富人相贷假。【眉批】武帝亦自悯民，乃因贫民，故颇恶富民。一切法制，困富商而收厚利者，自此时始。尚不能相救，乃徙贫民于关以西，及充朔方以南新秦中，七十余万口，衣食皆仰给县官。数岁，假予产业，使者分部护之，冠盖相望。其费以亿计，不可胜数。【旁批】句法变换。

于是县官大空。而富商大贾或滞财役贫，转毂百数，废居居邑，封君皆低首仰给。冶铸煮盐，财或累万金，而不佐国家之急，黎民重困。于是天子与公卿议，更钱造币以赡用，而摧浮淫并兼之徒。是时禁苑有白鹿而少府多银锡。自孝文更造四铢钱，至是岁四十余年，从建元以来，用少，县官往往即多铜山而铸钱，民亦间盗铸钱，不可胜数。钱益多而轻，物益少而贵。有司言曰："古者皮币，诸侯以聘享。金有三等，黄金为上，白金为中，赤金为下。今半两钱法重四铢，而奸或盗摩钱里取镕，钱益轻薄而物贵，则远方用币烦费不省。"
【眉批】《汉书·武纪》：建元元年春，行三铢钱。五年春，罢三铢钱，行半两钱。
又历十八年至元狩五年，罢半两钱，行五铢钱。今按：此书明是销半两，始铸三
铢，旋以三铢太轻，改铸五铢。又并在元狩三、四年间，史公目睹手载，绝无差
错。乃知班氏编书率多荒谬。乃以白鹿皮方尺，缘以藻缋，为皮币，直
四十万。王侯宗室朝觐聘享，必以皮币荐璧，然后得行。【旁批】是
时，王侯宗室计皆与富商表里。

又造银锡为白金。以为天用莫如龙，地用莫如马，人用莫如
龟，故曰金三品：其一曰重八两，圜之，其文龙，名曰"白选"，直
三千；二曰重差小，方之，其文马，直五百；三曰复小，撱之，其文
龟，直三百。令县官销半两钱，更铸三铢钱，文如其重。盗铸诸金钱
罪皆死，而吏民之盗铸白金者不可胜数。【眉批】用商困商，必郑当时之
议。然欲夺商利，必至用商，用商必至平准，乃已亦其势然也。

于是以东郭咸阳、孔仅为大农丞，领盐铁事；桑弘羊以计算用
事，侍中。咸阳，齐之大煮盐，孔仅，南阳大冶，皆致生累千金，故
郑当时进言之。弘羊，雒阳贾人子，以心计，年十三侍中。故三人言
利事析秋毫矣。

法既益严，吏多废免。兵革数动，民多买复及五大夫，征发之士
益鲜。于是除千夫五大夫为吏，不欲者出马；【旁批】即废免者。故吏
皆通适令伐棘上林，作昆明池。

其明年，大将军、骠骑大出击胡，得首虏八九万级，赏赐五十万
金，汉军马死者十余万匹，转漕车甲之费不与焉。是时财匮，战士颇
不得禄矣。

有司言三铢钱轻，易奸诈，乃更请诸郡国铸五铢钱，周郭其下，
令不可磨取镕焉。

大农上盐铁丞孔仅、咸阳【旁批】官此两人领盐铁，讵为他事？勿看

作僮、咸阳心生计议方得。言："山海，天地之藏也，皆宜属少府，陛下不私，以属大农佐赋。愿募民自给费，因官器作煮盐，官与牢盆。浮食奇民欲擅管山海之货，以致富羡，役利细民。其沮事之议，不可胜听。敢私铸铁器煮盐者，铁左趾，没入其器物。郡不出铁者，置小铁官，便属在所县。"使孔僮、东郭咸阳<u>乘传举行天下盐铁</u>，作官府，除故盐铁家富者为吏。<u>吏道益杂，不选，而多贾人矣。</u>【旁批】告缗平准，皆势所必至。

　　<u>商贾以币之变，多积货逐利。</u>于是公卿言："郡国颇被灾害，贫民无产业者，募徙广饶之地。陛下损膳省用，出禁钱以振元元，宽贷赋，而民不齐出于南亩，<u>商贾滋众</u>。贫者畜积无有，皆仰县官。异时算轺车贾人缗钱皆有差，请算如故。诸贾人末作贳贷卖买，居邑稽诸物，及商以取利者，虽无市籍，各以其物自占，率缗钱二千而一算。诸作有租及铸，率缗钱四千一算。【旁批】即买官铁为官铸者。非吏比者三老、北边骑士，轺车以一算；商贾人轺车二算；【眉批】《汉书》元光六年，初算商车。元狩四年，初算缗钱。盖前稍行之旋罢，此复决行之。遂开告缗之令。贳、贷，谓于都会间，深利放债者买居邑，如今置买店房，赁租贾人者；稽诸物，谓收物候时者；商取利谓逐便转贩者，此等人皆无市籍。船五丈以上一算。匿不自占，占不悉，戍边一岁，没入缗钱。有能告者，以其半畀之。贾人有市籍者，及其家属，【旁批】家属大概谓父兄子弟。<u>皆无得籍名田，以便农。敢犯令，没入田僮。</u>"

　　【旁批】骤入卜式，因叙卜式前事。<u>天子乃思卜式之言，召拜式为中郎，爵左庶长，赐田十顷，布告天下，使明知之。</u>【眉批】卜式事宜具此。《汉书》别传之非也。桑弘羊亦至御史大夫，与式何异？初，卜式者，河南人也，以田畜为事。亲死，式有少弟，弟壮，式脱身出分，独取畜羊百余，田宅财物尽予弟。式入山牧十余岁，羊致千余头，买田宅。而其弟尽破其业，式辄复分予弟者数矣。是时汉方数使将击匈奴，卜

式上书，愿输家之半县官助边。天子使使问式："欲官乎？"式曰："臣少牧，不习仕宦，不愿也。"使问曰："家岂有冤，欲言事乎？"式曰："臣生与人无分争。式邑人贫者贷之，不善者教顺之，所居人皆从式，式何故见冤于人！无所欲言也。"使者曰："苟如此，子何欲而然？"式曰："天子诛匈奴，<u>愚以为贤者宜死节于边，有财者宜输委</u>，如此而匈奴可灭也。"【眉批】卜式一生只执死战、输边。两议深中汉武，而贸取富贵奸人之尤也。此特就孙宏（按：此宜为"弘。"）语定断其人。使者具其言入以闻。天子以语丞相弘。弘曰："此非人情。<u>不轨之臣，不可以为化而乱法</u>，愿陛下勿许。"于是上久不报式，数岁，乃罢式。式归，复田牧。岁余，会军数出，浑邪王等降，县官费众，仓府空。其明年，【旁批】元狩三年。是时，诏书有云："举吏民能假贷贫民者，以名闻。"贫民大徙，皆仰给县官，无以尽赡。卜式持钱二十万予河南守，以给徙民。河南上富人助贫人者籍，天子见卜式名，识之，曰"是固前而欲输其家半助边"，乃赐式外繇四百人。【旁批】此至召式拜郎。时又五六年。式又尽复予县官。<u>是时富豪皆争匿财，唯式尤欲输之助费</u>。天子于是以式终长者，故尊显以风百姓。

初，式不愿为郎。上曰："吾有羊上林中，欲令子牧之。"式乃拜为郎，布衣屦而牧羊。岁余，羊肥息。上过见其羊，善之。式曰："非独羊也，治民亦犹是也。以时起居；恶者辄斥去，毋令败群。"上以式为奇，拜为缑氏令试之，缑氏便之。迁为成皋令，将漕最。上以为式朴忠，拜为齐王太傅。

而孔僅接上。之使天下铸作器，三年中拜为大农，【眉批】汉表仅拜为大农，在元鼎二年，则乘传举盐铁，元狩六年事也。列于九卿。而桑弘羊为大农丞，筦诸会计事，<u>稍稍置均输以通货物矣</u>。【旁批】均输即平准，起手不即为平准者，以弘羊未领大司农故。

始令吏得入谷补官，郎至六百石。【眉批】此前止入奴婢，及羊至此，始入谷。其官高得，至郎则同。

自造白金五铢钱后五岁，【旁批】总计钱事。赦吏民之坐盗铸金钱死者数十万人。其不发觉相杀者，不可胜计。赦自出者百余万人。然不能半自出，天下大抵无虑皆铸金钱矣。犯者众，吏不能尽诛取，于是遣博士褚大、徐偃等分曹循行郡国，举兼并之徒守相为吏者。【眉批】《汉书·武纪》遣褚大等诏书，虽颇兼他事，本旨专为钱币。在元狩六年。而御史大夫张汤【旁批】仍入张汤等。方隆贵用事，减宣、杜周等为中丞，义纵、尹齐、王温舒等用惨急刻深为九卿，而直指夏兰之属始出矣。

而大农颜异诛。【眉批】异诛在元狩六年，后有大农合正，夫始及孔僅。至此，始叙异事，具费经营。初，异为济南亭长，以廉直稍迁至九卿。上与张汤既造白鹿皮币，问异。异曰："今王侯朝贺以苍璧，直数千，而其皮荐反四十万，本末不相称。"天子不说。张汤又与异有郄，及人有告异以他议，事下张汤治异。异与客语，客语初令下有不便者，异不应，微反唇。汤奏异当九卿见令不便，不入言而腹诽，论死。自是之后，有腹诽之法，以此，而公卿大夫多谄谀取容矣。【旁批】接上，起告缗之害。

天子既下缗钱令而尊卜式，百姓终莫分财佐县官，于是杨可告缗钱纵矣。

郡国多奸铸钱，钱多轻，而公卿请令京师铸钟官赤侧，一当五，赋官用非赤侧不得行。【旁批】因及钱事，插入此段，不尔，便无安顿处。白金稍贱，民不宝用，县官以令禁之，无益。岁余，白金终废不行。

是岁也，张汤死而民不思。【眉批】《汉书·武纪》张汤死在元鼎二年，而告缗令在三年，必有误。

其后二岁，赤侧钱贱，民巧法用之，不便，又废。于是悉禁郡国无铸钱，专令上林三官铸。钱既多，而令天下非三官钱不得行，诸郡国所前铸钱皆废销之，输其铜三官。而民之铸钱益少，计其费不能相当，唯真工大奸乃盗为之。【旁批】盗铸。以此衰。少可悟钱法利害。

【眉批】仍绾入"卜式相齐"一句，正以告缗事由重罪卜式。卜式相齐，而杨可告缗遍天下，中家以上大抵皆遇告。杜周治之，狱少反者。乃分遣御史廷尉正监分曹往，即治郡国缗钱，得民财物以亿计，奴婢以千万数，田大县数百顷，小县百余顷，宅亦如之。于是商贾中家以上大率破，民偷甘食好衣，不事畜藏之产业，而县官有盐铁缗钱之故，用益饶矣。

益广关，置左右辅。

初，大农筦盐铁官布多，置水衡，欲以主盐铁；及杨可告缗钱，上林财物众，乃令水衡主上林。上林既充满，益广。是时越欲与汉用船战逐，乃大修昆明池，列观环之。治楼船，高十余丈，旗帜加其上，甚壮。于是天子感之，乃作柏梁台，高数十丈。宫室之修，由此日丽。

乃分缗钱诸官，而水衡、少府、大农、太仆各置农官，往往即郡县比没入田田之。其没入奴婢，分诸苑养狗马禽兽，及与诸官。诸官益杂置多，徒奴婢众，而下河漕度四百万石，及官自籴乃足。【旁批】视汉初相去几许。

所忠言："世家子弟富人或斗鸡走狗马，弋猎博戏，乱齐民。"乃征诸犯令，相引数千人，命曰"株送徒"。入财者得补郎，郎选衰矣。

是时【旁批】元鼎二年、三年。山东被河灾，及岁不登数年，人或相食，方一二千里。天子怜之，诏曰："江南火耕水耨，令饥民得流就食江淮间，欲留，留处。"遣使冠盖相属于道，护之，下巴蜀粟以振之。

其明年，【旁批】元鼎四年。天子始巡郡国。东渡河，河东守不意行至，不办，自杀。行西逾陇，陇西守以行往卒，天子从官不得食，陇西守自杀。于是上北出萧关，从数万骑，猎新秦中，以勒边兵而归。新秦中或千里无亭徼，于是诛北地太守以下，而令民得畜牧边县，官假马母，三岁而归，及息什一，以除告缗，用充仞新秦中。【眉批】归还母马及息什一，谓假十马者，添归一马为息。此等人家准不告缗，所以优之，使愿徙边县。

既得宝鼎，立后土、太一祠，公卿议封禅事，而天下郡国皆豫治道桥，缮故宫，及当驰道县，县治官储，设供具，而望以待幸。【旁批】河东、陇西守，皆以不办自杀。故郡国竞储备，耗材尤不可计。

其明年，元鼎五年。南越反，西羌侵边为桀。于是天子为山东不赡，赦天下，因南方楼船卒二十余万人击南越，数万人发三河以西骑击西羌，【旁批】倒句上下，相避为文。又数万人渡河筑令居。初【旁批】元鼎六年。置张掖、酒泉郡，【旁批】酒泉宜依《汉纪》作敦煌。而上郡、朔方、西河、河西开田官，斥塞卒六十万人戍田之。中国缮道馈粮，远者三千，近者千余里，皆仰给大农。边兵不足，乃发武库工官兵器以赡之。车骑马乏绝，县官钱少，买马难得，乃著令，令封君以下至三百石以上吏，以差出牝马【旁批】《汉书·武纪》，在太初二年，以此书征之，《纪》误。天下亭，亭有畜牸马，岁课息。

齐相卜式上书【眉批】前上书时已有此著，此时始用之，然输材一事，大患天下人。此著不过苦列侯百许人耳。曰："臣闻主忧臣辱。南越反，臣愿父子与齐习船者往死之。"天子下诏曰："卜式虽躬耕牧，不以为利，有余辄助县官之用。今天下不幸有急，而式奋愿父子死之。虽未战，可谓义形于内。赐爵关内侯，金六十斤，田十顷。"布告天下，天下莫应。列侯以百数，皆莫求从军击羌、越。至酎，少府省金，而列侯坐酎金失侯者百余人。乃拜式为御史大夫。

式既在位，【旁批】著眼。见郡国多不便县官作盐铁，铁器苦恶，贾贵，或强令民卖买之。而船有算，商者少，物贵，乃因孔僅言船算事。上由是不悦卜式。

汉连兵【旁批】接前。三岁，诛羌，灭南越，番禺以西至蜀南者置初郡十七，【旁批】简省至极，而大势了了。且以其故俗治，毋赋税。南阳、汉中以往郡，各以地比给初郡吏卒奉食币物，传车马被具。而初郡时时小反，杀吏，汉发南方吏卒往诛之，间岁万余人，费皆仰给大农。大农以均输调盐铁助赋，故能赡之。然兵所过县，为以訾给毋乏而已，不敢言擅赋法矣。

其明年，元封元年，【眉批】年号独目元封者，此前皆是追称之名，元封则元年已有定号。说具封禅篇下。卜式贬秩为太子太傅。而桑弘羊为治粟都尉，领大农，尽代仅管天下盐铁。弘羊以诸官各自市，相与争，物故腾跃，而天下赋输或不偿其僦费，乃请置大农部丞数十人，分部主郡国，各往往县置均输盐铁官，令远方各以其物贵时商贾所转贩者为赋，而相灌输。置平准于京师，都受天下委输。召工官治车诸器，皆仰给大农。大农之诸官尽笼天下之货物，贵即卖之，贱则买之。如此，富商大贾无所牟大利，则反本，而万物不得腾踊。故抑天下物，名曰"平准"。天子以为然，许之。【眉批】为官家做一场大买卖，有何奇计？然非弘羊心计，决不能为汉武。此时财乏事侈，正得力此人，然亏辱国体甚矣。《汉书·百官表》：大农有均输、平准、令丞。盖弘羊诛后，此事未尽废。于是天子北至朔方，东到泰山，巡海上，并北边以归。所过赏赐，用帛百余万匹，钱金以巨万计，皆取足大农。【旁批】亦为买免告缗，即水衡等农官田郡县者。

弘羊又请令吏得入粟补官，及罪人赎罪。令民能入粟甘泉各有差，以复终身，不告缗。他郡各输急处，而诸农各致粟，山东漕益岁六百万石。一岁之中，太仓、甘泉仓满。边余谷诸物均输帛五百万匹。民不益赋而天下用饶。【旁批】"诸物"属下为句，谓均输诸物所得。于是弘羊赐爵左庶长，黄金再百斤焉。【眉批】用此法买免告缗，自后遂无告缮事矣。天下久苦告缗，故一岁大致多粟，其势必然也。此事实弘羊能处。

是岁小旱，上令官求雨，卜式言曰："县官当食租衣税而已，今弘羊令吏坐市列肆，贩物求利。烹弘羊，天乃雨。"【旁批】且勿道利害，只顾国体不可。《春秋》论断，不必定出何人。

太史公曰：农工商交易之路通，而龟贝金钱刀布之币兴焉。所从来久远，自高辛氏之前尚矣，靡得而记云。故《书》道唐虞之际，《诗》述殷周之世，安宁则长庠序，先本绌末，以礼义防于利；事变多故而亦反是。是以物盛则衰，时极而转，一质一文，终始之变也。禹贡九州，各因其土地所宜，人民所多少而纳职焉。汤武承弊易变，使民不倦，各兢兢所以为治，而稍陵迟衰微。齐桓公用管仲之谋，通轻重之权，徼山海之业，以朝诸侯，用区区之齐显成霸名。魏用李克，尽地力，为强君。【眉批】世变由来，在井田封建废坏。史公不推明及之，以为势不可复，故止言人情风俗之可主持者。自是之后，天下争于战国，贵诈力而贱仁义，先富有而后推让。故庶人之富者或累巨万，而贫者或不厌糟糠；有国强者或并群小以臣诸侯，而弱国或绝祀而灭世。以至于秦，卒并海内。虞夏之币，金为三品，或黄，或白，或赤；或钱，或布，或刀，或龟贝。及至秦，中一国之币为三等，黄金以镒名，为上币；铜钱识曰半两，重如其文，为下币。而珠玉、龟贝、银锡之属为器饰宝藏，不为币。然各随时而轻重无常。于是外攘夷狄，内兴功业，海内之士力耕不足粮饷，女子纺绩不足衣服。古者尝竭天下之资财以奉其上，犹自以为不足也。无异故云，事势之流，相激使然，曷足怪焉。【旁批】慨痛古者，所谓借秦为喻。明是结语神情，不得用为引首。

【总评】此书文字，首尾不具，是最可疑处。昔人或谓为史公未就之篇。而《赞》论专述先古，乃是此书引首，被后人移置篇末，以班志证之甚明，此说似也。余反复读之，始决意其不然，何也？此书虽事皆实录，而语意颇刻讥当世，与封禅相类。必天汉后，史公已陷祸时所为。而叙次独止元封者，盖以平准目书，以谓小人为国兴利。至于县官尽笼天下货物为贩市，而其计极矣！蔑以加矣！弘羊不诛，汉存亡殆未可知。<u>故止叙完平准，便就卜氏亨弘羊之言</u>，<u>竟自结住</u>，以留未了之案。<u>而书文既不见尾</u>，必亦不见有首。就汉事突起，而以秦前事迹，大略入之论语中。慨古伤今，诿咎事势，此史公用意最深。而文章奇变，不可以常格揣拟者也。如曰不然，则引首述古钱货事，不应如许简略。而中间文字，处处完密，无少欠缺。独脱去后节，何耶？

自井田封建废坏，兼并货殖之途辟，民始背本逐末。困农人而挠国法，而钱币多奸。上之人亦不能操其轻重之柄。故高祖初兴，即稍沿秦法，以令困辱贾人。后虽稍宽其禁，犹不得仕宦为吏，<u>然此必不久行之事也</u>。<u>何则？</u>利在则权亦在！故至文、景世，已不能用其旧，而商贾益盛，贾谊、晁错，并言其害。孝武朝纷扰权变之术，大指困商人而夺其利耳。然孝武非欲恤民而因商也。喜功生事，罄殚累世之积，而又益侈张不已，力穷计绌，忍而为此。岂不知民商相资，<u>贫富相倚</u>，盐铁占商籔也。<u>其实皆取民用而令买之官</u>，<u>告缗掘商藏也</u>。<u>其势必并民财而尽藉之府</u>。<u>至于平准、输物当赋</u>，<u>其间不可计料之弊</u>，又皆穷黎受之矣。乃徒区区为呴拊之言，施振贷之惠，欲务解说于民，其将能乎？按：《汉志》，昭帝即位六年，举贤良文学，议罢盐铁酒榷均输官，弘羊争论，仅罢后起酒酤一事。然考《昭纪》，始元四年，止民出马；五年，罢天下亭母马；六年，令民得以律占租。元凤以后，大减漕粟，屡捐口赋，及以菽、粟当赋。则知霍光辅政，盐铁、均输虽未能竟罢，必已多所宽省。弘羊权衰，卒就诛灭。

班史不能详备事实，但云宣、元、成、哀、平五世，无所变改。史文残失，乃如此蒙混了去，将使后人何从考究乎？

欲治商利，必管盐铁；欲管盐铁，必用商人。及车船之算，边马之政，后世国计，大约不出于此。然在汉武世，首发此议，实骇人情。故咸阳、孔僅之徒，必显擢在官府，乃可得其根株，而制其奸弊。然僅、咸阳举盐铁，而均输平准，必俟弘羊，何也？均输事尤烦悉，非弘羊心计奇能，未易创办。僅、咸阳宿专盐铁，未能为此，而亦不肯尽破商利如是甚也。中间张汤、杜周辈，急法佐事，皆当时情势所必至。惟告缗一条，最为枉害，而发难实自卜式。式不过深中人主，求官禄耳。而倡助县官，天下决然莫应。法令因以告缗就驱其后，然则告缗者，卜式非杨克也。史公曰：“天子既下缗钱令而尊卜式，百姓终莫分财佐县官。”又曰：“卜式相齐，而杨可告缗遍天下，虽深文，故定狱矣。”及弘羊领大农，见天下尤苦告缗，乃令入谷甘泉及郡国而买免之。人皆竟趋，遂济国用。此则转败为利，善窥时便者也。计弘羊，必以此大张己能，旁诋卜式。而卜式又已失宠责官，深用愤嫉。故因小旱待雨，遂有欲烹弘羊之言。史公借为论断，通结全书，读者幸无谓此书深罪弘羊而宽议卜式也。

此书专为钱财足用一事。《汉志》易为《食货》，则田功、税法、积贮，皆宜详备，固史体宜然，而条绪愈多，尤难整理。故班氏厘为二卷，上食下货。上卷略用史文，下卷权仍史书，而稍附益后事。以余观之，史公之书，正如今人作《四书》文字，处处归到题目；班氏茫无统纪，杂乱记注而已。何以明之？班氏叙古井田时人情风俗，率用经生家言，而未究其实。虽语皆典雅，未免繁漫，不相切近。至于汉世田功、积贮，正与孝武时夺商牟利，反复对徵。愚意应并为一编，推明变故，大改史公旧书，而以钱币更法特附其尾，斯为善耳。奈何拘泥成文，分辨不析，致前后隔越，不相融贯。以此知其才之短，而识之疏也。大抵班氏成书，体段全袭史公，而冒首增入经义，中间杂引西京疏议文字。而莽世事迹，又自有详实成编，可用援写。学者徒爱其形貌，谓为华瞻，弗加审察然耳。余以史书文章重事，不敢不辩，非苟为誉马毁班者，愿与天下读书人共详论之。

《封禅》《平准》《河渠》三书，所叙皆孝武朝大条目事，与后人修史作志者不同。作志要考详先代典故，叙次令明晰而已。至史公所称，皆目睹事迹，其为书虽至千万言，首尾只是一意。中间经营位置，全具苦心。人只见史公文章，波澜浩大，笔势豪纵，令读者手不停披，口不暇诵。不知其谨严精密，推移变化，正由精力、思议过人。如国工构广厦，云连霞起，游者骇观。乃其一间一架，皆是匠心巧思结撰而成。学者第能细按当日事势、情形，如身执简其侧，则于史公叙次之妙，必有窥其一二矣！

道光丁未开正九日　南屏山人识

史记别钞　下卷

陈涉世家

陈胜者，阳城人也，字涉。吴广者，阳夏人也，字叔。陈涉少时，尝与人佣耕，辍耕之垄上，怅恨久之，曰："苟富贵，无相忘。"庸者笑而应曰："若为庸耕，何富贵也？"陈涉太息曰："嗟乎，燕雀安知鸿鹄之志哉！"【眉批】佣耕事人，后代叙述家手，必并归传尾，史公前后出之。所以然者，此起手处，用见陈涉为人本色，又见天下苦秦，狡者生心。秦又委弃豪杰，使之太息耕垄，而思为不逞也。末段见陈王斩客，人不亲附，兼述客事为戏笑也。前后又便借作关锁、照应、收拾，若并归传尾，无此妙用矣。

二世元年七月，发闾左适戍渔阳，九百人屯大泽乡。陈胜、吴广皆次当行，为屯长。会天大雨，道不通，度已失期。失期，法皆斩。陈胜、吴广乃谋曰："今亡亦死，举大计亦死，等死，死国可乎？"陈胜曰："天下苦秦久矣。吾闻二世少子也，不当立，【旁批】胜、广俱有乱心，此言独自胜出，广所不及也。所以，胜独为长雄，广甘出其下。当立者乃公子扶苏。扶苏以数谏故，上使外将兵。今或闻无罪，二世杀之。百姓多闻其贤，未知其死也。项燕为楚将，数有功，爱士卒，楚人怜之。或以为死，或以为亡。今诚以吾众诈自称公子扶苏、项燕，为天下唱，宜多应者。"吴广以为然。乃行卜。卜者知其指意，曰："足下事皆成，有功。然足下卜之鬼乎！"【旁批】盖卦中有鬼兆，故云诸家说此皆失之。陈胜、吴广喜，念鬼，曰："此教我先威众耳。"乃丹书帛曰"陈胜王"，置人所罾鱼腹中。卒买鱼烹食，得鱼腹中书，固以怪之矣。又间令吴广之次所旁丛祠中，夜篝火，狐鸣呼曰"大楚兴，陈胜王"。卒皆夜惊恐。旦日，卒中往往语，皆指目陈胜。

吴广素爱人，士卒多为用者。将尉醉，广故数言欲亡，忿恚尉，令辱之，以激怒其众。尉果笞广。尉剑挺，广起，夺而杀尉。陈胜佐之，并杀两尉。召令徒属曰："公等遇雨，皆已失期，失期当斩。藉弟令毋斩，而戍死者固十六七。且壮士不死即已，死即举大名耳，王侯将相宁有种乎！"徒属皆曰："敬受命。"乃诈称公子扶苏、项燕，从民欲也。袒右，称大楚。为坛而盟，祭以尉首。【旁批】详细。陈胜自立为将军，吴广为都尉。攻大泽乡，收而攻蕲。蕲下，乃令符离人葛婴将兵【旁批】始分枝兵。徇蕲以东。攻铚、酂、苦、柘、谯皆下之。行收兵。【旁批】收五邑兵。比至陈，车六七百乘，骑千余，卒数万人。攻陈，陈守令皆不在，独守丞与战谯门中。弗胜，守丞死，乃入据陈。【旁批】楚旧都陈，故即据陈。数日，号令召三老、豪杰与皆来会计事。三老、豪杰皆曰："将军身被坚执锐，伐无道，诛暴秦，复立楚国之社稷，功宜为王。"陈涉乃立为王，号为张楚。

　　当此时，诸郡县苦秦吏者，皆刑其长吏，杀之以应陈涉。乃以吴叔为假王，监诸将以西击荥阳。令陈人武臣、张耳、陈馀徇赵地，令汝阴人邓宗徇九江郡。当此时，楚兵数千人为聚者，不可胜数。【旁批】亡秦者，楚故。后来楚最雄张，而汉高即在此内。

　　葛婴至东城，立襄彊为楚王。【旁批】立楚后始此。婴后闻陈王已立，因杀襄彊，还报。至陈，陈王诛杀葛婴。陈王令魏人周市北徇魏地。【眉批】四出徇地，遂开立赵、魏、燕、齐诸国，而天下大势在荥阳。吴广之兵，其大军也。周文收兵入关，乃奇兵也。吴叔久围荥阳，章邯自关中一败，周文乘胜，遂破荥阳军，接连破陈。文中兵势，分明易见。吴广围荥阳。李由为三川守，守荥阳，吴叔弗能下。【眉批】提明吴广大军久顿荥阳，即便住著，入叙周文军及诸将，徇地争立事，至将军田臧相与谋，始将此军接起布置，何等精妙！陈王徵国之豪杰与计，以上蔡人房君蔡赐为上柱国。

　　周文，陈之贤人也，尝为项燕军视日，事春申君，自言习兵，【旁批】见，未必知兵。陈王与之将军印，西击秦。行收兵至关，车千乘，卒数十万，至戏，军焉。【眉批】周文骤收乌合，入关临秦。秦中兵力尚盛，故章邯一举破之，乘胜出关，追逐群寇，遂为汉高之资也。秦令少府章邯免郦山徒、人奴产子，悉发以击楚大军，尽败之。周文败，走出关，止次曹阳二三月。章邯追败之，复走次渑池十余日。章邯击，大破之。周文自刭，军遂不战。【眉批】叙章邯军又住著，至田臧西迎秦军接起，合缝。

武臣到邯郸，【旁批】插叙诸国徇地争立事，所谓遣置侯王将相，竟亡秦者。自立为赵王，陈馀为大将军，张耳、召骚为左右丞相。陈王怒，捕系武臣等家室，欲诛之。柱国【旁批】房君谋主。曰："秦未亡而诛赵王将相家属，此生一秦也。不如因而立之。"陈王乃遣使者贺赵，而徙系武臣等家属宫中，而封耳子张敖为成都君，趣赵兵亟入关。赵王将相相与谋曰："王王赵，非楚意也。楚已诛秦，必加兵于赵。计莫如毋西兵，使使北徇燕地以自广也。赵南据大河，北有燕、代，楚虽胜秦，不敢制赵。若楚不胜秦，必重赵。赵乘秦之弊，可以得志于天下。"赵王以为然，因不西兵，而遣故上谷卒史韩广将兵北徇燕地。

燕故贵人豪杰谓韩广曰："楚已立王，赵又已立王。燕虽小，亦万乘之国也，愿将军立为燕王。"韩广曰："广母在赵，不可。"燕人曰："赵方西忧秦，南忧楚，其力不能禁我。且以楚之强，不敢害赵王将相之家，赵独安敢害将军之家！"韩广以为然，乃自立为燕王。居数月，赵奉燕王母及家属归之燕。

当此之时，诸将之徇地者，不可胜数。【旁批】足此一句，以该诸未叙，而别见者。周市北徇地至狄，狄人田儋杀狄令，自立为齐王，以齐反，击周市。市军散，还至魏地，欲立魏后故甯陵君咎为魏王。时咎在陈王所，不得之魏。魏地已定，欲相与立周市为魏王，周市不肯。使者五反，陈王乃立甯陵君咎为魏王，遣之国。周市卒为相。

【旁批】接。将军田臧等相与谋曰："周章【旁批】即文也。军已破矣，秦兵旦暮至，我围荥阳城弗能下，秦军至，必大败。不如少遣

【旁批】《索隐》曰："遣"当作遗。兵，足以守荥阳，悉精兵迎秦军。今假王骄，不知兵权，不可与计，非诛之，事恐败。"因相与矫王令以诛吴叔，献其首于陈王。陈王使使赐田臧楚令尹印，使为上将。田臧乃使诸将李归等守荥阳城，<u>自以精兵西迎秦军于敖仓</u>。【旁批】接章邯军，微妙！与战，田臧死，军破。章邯进兵击李归等荥阳下，破之，李归等死。

阳城人邓说将兵居郯【旁批】"郯"当作"郏"，章邯别将击破之，邓说军散走陈。【眉批】带叙邓说诸人军见陈下兵势。盖邓说、伍徐陈兵别屯者，蔡赐、张贺又遣御章邯者，只叙章邯一路击破，便已了然。铚人伍徐将兵居许，章邯击破之，伍徐军皆散走陈。陈王诛邓说。

陈王初立时，陵人秦嘉、铚人董緤、符离人朱鸡石、取虑人郑布、徐人丁疾等皆特起，将兵围东海守庆于郯。陈王闻，乃使武平君畔为将军【眉批】武平系陈王所遣东方枝兵，同时，败灭故，入叙于此。监郯下军。秦嘉不受命，嘉自立为大司马，恶属武平君。告军吏曰："武平君年少，不知兵事，勿听！"因矫以王命杀武平君畔。

章邯已破伍徐，<u>击陈，柱国房君死</u>。章邯又进兵击陈西张贺军。陈王出监战，军破，张贺死。

腊月，陈王之汝阴，还至下城父，其御庄贾杀以降秦。陈胜葬砀，谥曰隐王。

陈王故涓人将军吕臣为仓头军，起新阳，攻陈下之，杀庄贾，<u>复以陈为楚</u>。

初，陈王至陈，令铚人宋留将兵定南阳，入武关。【旁批】补叙入武关一枝。留已徇南阳，闻陈王死，南阳复为秦。宋留不能入武关，乃东至新蔡，遇秦军，宋留以军降秦。秦传留至咸阳，车裂留以徇。

秦嘉等闻陈王军破出走，【旁批】接详秦嘉事，为立楚后故。乃立景驹为楚王，引兵之方与，欲击秦军定陶下。使公孙庆使齐王，欲与并力俱进。齐王曰："闻陈王战败，不知其死生，楚安得不请而立王！"公孙庆曰："齐不请楚而立王，楚何故请齐而立王！且楚首事，当令于天下。"田儋诛杀公孙庆。

秦左右校复攻陈，下之。吕将军走，收兵复聚。鄱盗当阳君黥布之兵相收，复击秦左右校，破之青波，复以陈为楚。会项梁立怀王孙心为楚王。

陈胜王凡六月。已为王，王陈。其故人尝与庸耕者闻之，之陈，扣宫门曰："吾欲见涉。"宫门令欲缚之。自辩数，乃置，不肯为通。陈王出，遮道而呼涉。陈王闻之，乃召见，载与俱归。入宫，见殿屋帷帐，客曰："夥颐！涉之为王沈沈者！"楚人谓多为夥，故天下传之，夥涉为王，由陈涉始。客出入愈益发舒，言陈王故情。或说陈王曰："客愚无知，颛妄言，轻威。"陈王斩之。诸陈王故人皆自引去，由是无亲陈王者。陈王以朱房为中正，胡武为司过，主司群臣。诸将徇地，至，令之不是者，系而罪之，以苛察为忠。其所不善者，弗下吏，辄自治之。陈王信用之。诸将以其故不亲附，此其所以败也。

陈胜虽已死，其所置遣侯王将相竟亡秦，由涉首事也。【旁批】总结总断。高祖时为陈涉置守冢三十家砀，至今血食。

【总评】太史公列《项羽本纪》《陈涉世家》，俱有义例。《索隐》谓项羽宜为《世家》，陈涉宜为《列传》，非也。《史记》述黄帝以来至汉，而秦汉之际，擅天下者，楚项氏也。承秦之亡，分割海宇，并建侯王，实一时天子之事。义帝虽立空名，首、尾皆在项氏。故秦后、汉前，特纪项氏。而陈涉首事为王，天下响应。自涉未死，楚人无不奉陈王者。高祖为置守冢，诏书侪之七国名王之列，所以入之《世家》。班书特为汉史，并记陈、项，以备汉初事迹。一切改从《列传》，自为允当。而因以议史公，则未可也。又孔子为《世家》者，汉世表章六经。天下学者，皆宗孔氏，登之《世家》，正合体例。史公作书，概从实录，不用褒贬。孔子之与陈涉，不嫌同位。后人粗心谬见，妄肆讥评，良可叹恨！及欲仿《春秋》笔削以修史编者，吾无取焉矣。

陈涉为发难亡秦之人，为王才六月，兵事已遍天下。赵、燕、齐、魏之立，语自在涉事中。编中所载诸国事，绝无波及。至所遣吴广、周文两军，紧系陈王成败。而葛婴、宋留、武平君畔秦嘉、吕臣等兵，但在项梁立楚以前事者，并宜一一检详无失，才完了陈王一局。史公此编，叙事、用意最为精到，文字虽似质直，其间分合、变化，真乃寓巧于朴，绝非思议容易可及。奈从来读《史记》人，只解粗读《项羽纪》《淮阴传》等篇，至于此文之妙，无人道破。盖见其错综事实，以为杂乱填载，不暇细寻脉理。遂令作者苦心，终古埋没，诚可痛恨！余尤怪谈文章家，动称《史记》叙事，至其所赏爱、讽诵，大抵皆村塾小儿所共喜者。如此"世家"言，乃有节钞首尾读之，妄云学治古文，何其谬也！

项羽本纪

【旁批】列项本纪，宜题项王。以汉用鲁公葬，羽不可书王，故与陈涉同以字称。

项籍者，下相人也，字羽。初起时，年二十四。其季父项梁，【眉批】起事者梁，而大事皆在羽手。此纪本为羽作，开篇即注意写羽，于梁从略矣。梁父即楚将项燕，为秦将王翦所戮者也。项氏世世为楚将，封于项，故姓项氏。

项籍少时，学书不成，去；学剑，又不成。项梁怒之。籍曰："书足以记名姓而已。剑一人敌，不足学，学万人敌。"于是项梁乃教籍兵法，籍大喜，略知其意，又不肯竟学。项梁尝有栎阳逮，乃请蕲狱掾曹咎书抵栎阳狱掾司马欣，【旁批】为后来用此两人，故详此。以故事得已。【眉批】项王以知兵、善战雄天下，所当辄胜，非独以猛暴气也。其闇于大计，终不敌汉高，正坐负恃此能耳。此处提明兵法，至东城败亡时，又证成项王兵法之奇。而其为人短长，事所出成败，昭然可见。项梁杀人，与籍避仇于吴中。吴中贤士大夫皆出项梁下。每吴中有大繇役及丧，项梁常为主办，阴以兵法部勒宾客及子弟，以是知其能。【眉批】徐孚远曰："避地所至，而能盖其郡人，非但才气之异也。吴故楚属，项式楚将，有名故也。"秦始皇帝游会稽，渡浙江，梁与籍俱观。籍曰："彼可取而代也。"梁掩其口，曰："毋妄言，族矣！"梁以此奇籍。籍长八尺余，力能扛鼎，才气过人，虽吴中子弟皆已惮籍矣。【旁批】起下。见项梁敢诛守、起事者，倚羽之能也。

秦二世元年七月，陈涉等起大泽中。其九月，会稽守通谓梁曰："江西皆反，此亦天亡秦之时也。吾闻先即制人，后则为人所制。吾欲发兵，使公及桓楚将。"是时桓楚亡在泽中。梁曰："桓楚亡，人莫知其处，独籍知之耳。"梁乃出，诫籍持剑居外待。【旁批】计议行事在里。梁复入，与守坐，曰："请召籍，使受命召桓楚。"守曰："诺。"梁召籍入。须臾，梁眴籍曰："可行矣！"于是籍遂拔剑斩守头。项梁持守头，佩其印绶。门下大惊，扰乱，籍所击杀数十百人。一府中皆慑伏，莫敢起。【眉批】此父子起手骤，极倚其素能服人也。然的是项家手段贤于陈涉，而不逮汉高，即此便见。梁乃召故所知豪吏，谕以所为起大事，遂举吴中兵。使人收下县，得精兵八千人。梁部署吴中豪杰为校尉、侯、司马。有一人不得用，自言于梁。梁曰："前时某丧使公主某事，不能办，以此不任用公。"众乃皆伏。【旁批】证前。于是梁为会稽守，籍为裨将，徇下县。

广陵人召平于是为陈王徇广陵，未能下。闻陈王败走，秦兵又且至，乃渡江矫陈王命，拜梁为楚王上柱国。曰："江东已定，急引兵西击秦。"项梁乃以八千人渡江而西。【旁批】此句直照到东渡乌江矣。闻陈婴已下东阳，使使与连和俱西。陈婴者，故东阳令史，居县中，素信谨，称为长者。东阳少年杀其令，相聚数千人，欲置长，无适用，乃请陈婴。婴谢不能，遂强立婴为长，县中从者得二万人。少年欲立婴便为王，异军苍头特起。陈婴母谓婴曰："自我为汝家妇，未尝闻汝先古之有贵者。今暴得大名，不祥。不如有所属，事成犹得封侯，事败易以亡，非世所指名也。"婴乃不敢为王。谓其军吏曰："项氏世世将家，有名于楚。今欲举大事，将非其人，不可。我倚名族，亡秦必矣。"于是众从其言，以兵属项梁。项梁渡淮，黥布、蒲将军亦以兵属焉。凡六七万人，军下邳。

当是时，秦嘉已立景驹为楚王，军彭城东，欲距项梁。项梁谓军吏曰："陈王先首事，战不利，未闻所在。今秦嘉倍陈王而立景驹，逆无道。"乃进兵击秦嘉。秦嘉军败走，追之至胡陵。嘉还战一日，嘉死，军降。景驹走死梁地。项梁已并秦嘉军，军胡陵，将引军而西。【眉批】篇中"东""西"字最分明。【旁批】从《陈涉世家》中接来。章邯军至栗，项梁使别将朱鸡石、余樊君与战。余樊君死。朱鸡石军败，亡走胡陵。项梁乃引兵入薛，诛鸡石。项梁前使项羽别攻襄城，襄城坚守不下。已拔，皆坑之。【眉批】项羽起手便喜坑杀人，怀王所以不遣入关者，以此事也。还报项梁。项梁闻陈王定死，召诸别将会薛计事。此时沛公亦起沛往焉。

居鄛人范增，【旁批】谋主。年七十，素居家，好奇计，往说项梁曰："陈胜败固当。夫秦灭六国，楚最无罪。自怀王入秦不反，楚人怜之至今，故楚南公曰'楚虽三户，亡秦必楚'也。今陈胜首事，不立楚后而自立，其势不长。今君起江东，楚蜂起之将皆争附君者，以君世世楚将，为能复立楚之后也。"【眉批】项氏之暴强，以立楚后；其亡也，以弑义帝。皆范增之为之也。于是项梁然其言，乃求怀王孙心民间，为人牧羊，立以为楚怀王，从民所望也。陈婴为楚上柱国，封五县，与怀王都盱台。项梁自号为武信君。

居数月，引兵攻亢父，与齐田荣、司马龙且军救东阿，大破秦军于东阿。田荣即引兵归，逐其王假。假亡走楚。假相田角亡走赵。角弟田间故齐将，居赵不敢归。田荣立田儋子市为齐王。项梁已破东阿下军，遂追秦军。数使使趣齐兵，欲与俱西。田荣曰："楚杀田假，赵杀田角、田间，乃发兵。"项梁曰："田假为与国之王，穷来从我，不忍杀之。"赵亦不杀田角、田间以市于齐。齐遂不肯发兵助楚。【眉批】楚、齐结怨之始。项梁使沛公及项羽别攻城阳，屠之。西破秦军濮阳东，秦兵收入濮阳。沛公、项羽乃攻定陶。定陶未下，去，西略地至雝丘，大破秦军，斩李由。还攻外黄，外黄未下。

项梁起东阿，西，北至定陶，再破秦军，项羽等又斩李由，益轻秦，有骄色。宋义乃谏项梁曰："战胜而将骄卒惰者败。今卒少惰矣，秦兵日益，臣为君畏之。"项梁弗听。乃使宋义使于齐。道遇齐使者高陵君显，曰："公将见武信君乎？"曰："然。"曰："臣论武信君军必败。公徐行即免死，疾行则及祸。"秦果悉起兵益章邯，击楚军，大破之定陶，项梁死。沛公、项羽去外黄攻陈留，陈留坚守不能下。沛公、项羽相与谋曰："今项梁军破，士卒恐。"乃与吕臣军俱引兵而东。【旁批】亦接《陈涉世家》语。吕臣军彭城东，项羽军彭城西，沛公军砀。

　　章邯已破项梁军，则以为楚地兵不足忧，乃渡河击赵，大破之。当此时，赵歇为王，陈馀为将，【旁批】此四字当是衍文。张耳为相，皆走入钜鹿城。【眉批】徐孚远曰："陈馀未入钜鹿城，此语误。"章邯令王离、涉间围钜鹿，章邯军其南，筑甬道而输之粟。【旁批】此下十五字，宜移入钜鹿城下。【旁批】储欣曰："项羽胜局全在救赵。重言秦军击赵之势，实张大项羽救赵之功。"陈馀为将，将卒数万人而军钜鹿之北，此所谓河北之军也。【眉批】"此所谓河北之军也"一句，与文义无谓。《高纪》亦有此语，而属之"王离围钜鹿"之下，又与此处相谬。寻考此语根由，必因沛公对项王"将军战河北，臣战河南"之语而来。则"河北之军"指谓秦军对沛公河南所遇者而云耳。然要是史公赘笔。

　　楚兵已破于定陶，怀王恐，从盱台之彭城，并项羽、吕臣军自将之。以吕臣为司徒，以其父吕青为令尹。以沛公为砀郡长，封为武安侯，将砀郡兵。

　　初，宋义所遇齐使者高陵君显在楚军，见楚王曰："宋义论武信君之军必败，居数日，军果败。兵未战而先见败征，此可谓知兵矣。"王召宋义与计事而大说之，因置以为上将军，项羽为鲁公，为次将，范增为末将，救赵。诸别将皆属宋义，号为卿子冠军。行至安阳，留四十六日不进。项羽曰："吾闻秦军围赵王钜鹿，疾引兵渡河，楚击其外，赵应其内，破秦军必矣。"宋义曰："不然。夫搏牛之虻不可以破虮虱。今秦攻赵，战胜则兵罢，我承其敝；不胜，则我引兵鼓行而西，【眉批】项羽本欲入关，怀王独遣沛公。语具《高纪》中，此略不一及之。以项羽救赵一战，遂为天下枭雄，其事最为出色，故略去他语，独叙救赵。此史公用意精简处。必举秦矣。故不如先斗秦赵。夫被坚执锐，义不如公；坐而运策，公不如义。"因下令军中曰："猛如虎，狠如羊，贪如狼，强不可使者，皆斩之。"乃遣其子宋襄相齐，身送之至无盐，饮酒高会。天寒大雨，士卒冻饥。项羽【旁批】写项羽气色勃然。曰："将戮力而攻秦，久留不行。【眉批】当时，秦兵实未易轻敌，宋义留军非尽失，然亦过久矣。义盖六国策士之余耳，非将才也。且诸国骤起新造，而义举止如此，其气固未足以破秦，适为项羽之资也。今岁饥民贫，士卒食芋菽，军无见粮，乃饮酒高会，不引兵渡河因赵食，与赵并力攻秦，乃曰'承其敝'。夫以秦之强，攻新造之赵，其势必举赵。赵举而秦强，何敝之承！且国兵新破，王坐不安席，扫境内而专属于将军，国家安危，在此一举。今不恤士卒而徇其私，【旁批】谓遣子。非社稷之臣。"项羽晨朝上将军宋义，即其帐中斩宋义头，出令军中曰："宋义与齐谋反楚，楚王阴令羽诛之。"当是时，诸将皆慑服，莫敢枝梧。皆曰："首立楚者，将军家也。今将军诛乱。"乃相与共立羽为假上将军。使人追宋义子，及之齐，杀之。使桓楚报命于怀王。怀王因使项羽为上将军，当阳君、蒲将军皆属项羽。

　　项羽已杀卿子冠军，威震楚国，名闻诸侯。乃遣当阳君、蒲将军将卒二万渡河，救钜鹿。战少利，陈馀复请兵。项羽乃悉引兵渡河，皆沉船，破釜甑，烧庐舍，持三日粮，以示士卒必死，无一还心。于是至则围王离，与秦军遇，九战，绝其甬道，大破之，杀苏角，虏王离。涉间不降楚，自烧杀。当是时，楚兵冠诸侯。诸侯军救钜鹿下者十余壁，莫敢纵兵。及楚击秦，诸将皆从壁上观。楚战士无不一以当十，楚兵呼声动天，诸侯军无不人人惴恐。于是已破秦军，项羽召见诸侯将，入辕门，无不膝行而前，莫敢仰视。项羽由是始为诸侯上

<u>将军，诸侯皆属焉</u>。【眉批】此战全以一怒成功。是时，秦席战胜之余威，诸侯畏恐，章邯等又皆善兵，正项羽用气处。【眉批】储欣曰："只'九战，绝其甬道'是大战正文，余皆从四面摹写。"【眉批】茅坤曰："项羽最得意之战，太史公最得意之文。"【眉批】项王喑呜叱咤，千人皆废。将勇则士气十倍，加又临阵兵法精奇。故章邯一军顾望，楚遂取胜。

章邯军棘原，项羽军漳南，相持未战。秦军数却，二世使人让章邯。章邯恐，使长史欣请事。至咸阳，留司马门三日，赵高不见，有不信之心。长史欣恐，还走其军，不敢出故道，赵高果使人追之，不及。欣至军，报曰："赵高用事于中，下无可为者。今战能胜，高必疾妒吾功；战不能胜，不免于死。愿将军孰计之。"陈馀亦遗章邯书曰："白起为秦将，南征鄢郢，北坑马服，攻城略地，不可胜计，而竟赐死。蒙恬为秦将，北逐戎人，开榆中地数千里，竟斩阳周。何者？功多，秦不能尽封，因以法诛之。今将军为秦将三岁矣，所亡失以十万数，而诸侯并起滋益多。彼赵高素谀日久，今事急，亦恐二世诛之，故欲以法诛将军以塞责，使人更代将军以脱其祸。夫将军居外久，多内郤，有功亦诛，无功亦诛。且天之亡秦，无愚智皆知之。今将军内不能直谏，外为亡国将，孤特独立而欲常存，岂不哀哉！将军何不还兵与诸侯为从，约共攻秦，分王其地，南面称孤；此孰与身伏铁质，妻子为僇乎？"章邯狐疑，【眉批】章邯能将，秦大兵属焉。邯降，则秦定破，故详其语。且为倚邯拒汉张本。阴使候始成使项羽，欲约。约未成，项羽使蒲将军日夜引兵度三户，军漳南，与秦战，再破之。项羽悉引兵击秦军汙水上，大破之。

章邯使人见项羽，欲约。项羽召军吏谋曰："粮少，欲听其约。"军吏皆曰："善。"项羽乃与期洹水南殷虚上。已盟，章邯见项羽而流涕，为言赵高。项羽乃立章邯为雍王，置楚军中。【眉批】立章邯为雍王，必不在始降时。此时，未知沛公入关，必不王邯关中地。且必新安坑卒后，羽无意王秦，且以难沛公也。此文疑误。使长史欣为上将军，将秦军为前行。

到新安。诸侯吏卒异时故繇使屯戍过秦中，秦中吏卒遇之多无状，及秦军降诸侯，诸侯吏卒乘胜多奴虏使之，轻折辱秦吏卒。秦吏卒多窃言曰："章将军等诈吾属降诸侯，今能入关破秦，大善；即不能，诸侯虏吾属而东，秦必尽诛吾父母妻子。"诸将微闻其计，以告项羽。项羽乃召黥布、蒲将军计曰："秦吏卒尚众，其心不服，至关中不听，事必危，不如击杀之，而<u>独与章邯、长史欣、都尉翳</u>入秦。"于是楚军夜击坑秦卒二十余万人新安城南。

行略定秦地。<u>函谷关有兵守关，不得入。又闻沛公已破咸阳，</u>
【眉批】前路绝不及"沛公西兵"一语，以具在《高纪》。此故经营作奇势。项羽大怒，使当阳君等击关。项羽遂入，至于戏西。沛公军霸上，未得与项羽相见。沛公左司马曹无伤使人言于项羽曰："沛公欲王关中，使子婴为相，珍宝尽有之。"项羽大怒，曰："旦日飨士卒，为击破沛公军！"当是时，项羽兵四十万，在新丰鸿门，沛公兵十万，在霸上。范增说项羽曰："沛公居山东时，贪于财货，好美姬。今入关，财物无所取，妇女无所幸，此其志不在小。吾令人望其气，皆为龙虎，成五采，此天子气也。急击勿失。"

楚左尹项伯者，项羽季父也，素善留侯张良。张良是时从沛公，项伯乃夜驰之沛公军，私见张良，俱告以事，欲呼张良与俱去。曰："毋从俱死也。"张良曰："臣为韩王送沛公，沛公今事有急，亡去不义，不可不语。"良乃入，具告沛公。沛公大惊，曰："为之奈何？"张良曰："谁为大王为此计者？"曰："鲰生说我曰'距关，毋内诸侯，秦地可尽王也'。故听之。"良曰："料大王士卒足以当项王乎？"【眉批】此处"大王""项王"字，从后追书之。沛公默然，曰："固不如也，且为之奈何？"张良曰："请往谓项伯，言沛公不敢背项王也。"沛公曰："君安与项伯有故？"张良曰："秦时与臣游，项伯杀人，臣活之。今事有急，故幸来告良。"沛公曰："孰与君少长？"良曰："长于臣。"沛公曰："君为我呼入，吾得兄事之。"【眉批】写汉祖此时全不著急，意度非凡。张良出，要项伯。项伯即入见沛公。沛公奉卮酒为寿，约为婚姻，曰："吾入关，秋毫不敢有所近，籍吏民，封府库，而待将军。所以遣将守关者，备他盗之出入与非常也。日夜望将军至，岂敢反乎！愿伯具言臣之不敢倍德也。"项伯许诺。谓沛公曰："旦日不可不蚤自来谢项王。"沛公曰："诺。"于是项伯复夜去，至军中，具以沛公言报项王。因言曰："沛公不先破关中，公岂敢入乎？今人有大功而击之，不义也，不如因善遇之。"项王许诺。

沛公旦日从百余骑来见项王，至鸿门，谢曰："臣与将军戮力而攻秦，将军战河北，臣战河南，然不自意能先入关破秦，得复见将军于此。今者有小人之言，令将军与臣有郤。"【眉批】语婉意直，沛公意气、身份自在。史家文字如此，方不失真。项王曰："此沛公左司马曹无伤言之；【眉批】倾露，是项王真处。不然，籍何以至此。"项王即日因留沛公与饮。项王、项伯东向坐，亚父南向坐。亚父者，范增也。沛公北向坐，张良西向侍。范增数目项王，举所佩玉玦以示之者三，项王默然不应。【眉批】可想见范增要杀沛公，项王已面顺之，但暗许项伯耳。其不杀，非是无决断，彼方气雄一世。视沛公本出其下，负义杀之，有畏忌人之名。项王不肯为也。范增起，出召项庄，谓曰："君王为人不忍，若入前为寿，寿毕，请以剑舞，因击沛公于坐，杀之。不者，若属皆且为所虏。"庄则入为寿，寿毕，曰："君王与沛公饮，军中无以为乐，请以剑舞。"项王曰："诺。"项庄拔剑起舞，项伯亦拔剑起舞，常以身翼蔽沛公，庄不得击。于是张良至军门，见樊哙。【眉批】庄之舞剑，项王所不能禁也。项伯起救，正与项王同意。樊哙曰："今日之事何如？"良曰："甚急。今者项庄拔剑舞，其意常在沛公也。"哙曰："此迫矣，臣请入，与之同命。"哙即带剑拥盾入军门。【旁批】活画樊将军。交戟之卫士欲止不内，樊哙侧其盾以撞，卫士仆地，哙遂入，披帷西向立，瞋目视项王，头发上指，目眦尽裂。项王按剑而跽曰："客何为者？"张良曰："沛公之参乘樊哙者也。"项王曰："壮士，赐之卮酒。"则与斗卮酒。哙拜谢，起，立而饮之。项王曰："赐之彘肩。"则与一生彘肩。樊哙覆其盾于地，加彘肩上，拔剑切而啖之。【旁批】细写。项王曰："壮士，能复饮乎？"樊哙曰："臣死且不避，卮酒安足辞！夫秦王有虎狼之心，杀人如不能举，刑人如恐不胜，天下皆叛之。怀王与诸将约曰'先破秦入咸阳者王之'。【旁批】讲明前所未及。今沛公先破秦入咸阳，毫毛不敢有所近，封闭宫室，还军霸上，以待大王来。故遣将守关者，备他盗出入与非常也。劳苦而功高如此，未有封侯之赏，而听细说，欲诛有功之人。此亡秦之续耳，窃为大王不取也。"项王未有以应，曰："坐。"樊哙从良坐。坐须臾，沛公起如厕，因招樊哙出。【旁批】沛公到底从容。【眉批】项王原无意杀沛公，此时哙怒甚，而项王乃与之戏。然不得哙来，则范增、项庄之事未有已也。所以沛公乘间便去。

　　沛公已出，项王使都尉陈平召沛公。沛公曰："今者出，未辞也，为之奈何？"樊哙曰："大行不顾细谨，大礼不辞小让。如今人方为刀俎，我为鱼肉，何辞为。"于是遂去。乃令张良留谢。良问曰："大王来何操？"曰："我持白璧一双，欲献项王，玉斗一双，欲与亚父，会其怒，不敢献。公为我献之。"张良曰："谨诺。"【眉批】张良计未久，随沛公出。沛公之去，良实赞之。所以敢自留谢者，先已得项王成诺于项伯故也。当是时，项王军在鸿门下，沛公军在霸上，相去四十里。沛公则置车骑，脱身独骑，与樊哙、夏侯婴、靳强、纪信等四人持剑盾步走，从郦山下，道芷阳间行。沛公谓张良曰："从此道至吾军，不过二十里耳。度我至军中，公乃入。"沛公已去，间至军中，张良入谢，曰："沛公不胜杯杓，不能辞。谨使臣良奉白璧一双，再拜献大王足下；玉斗一双，再拜奉大将军足下。"项王曰："沛公安在？"良曰："闻大王有意督过之，脱身独去，已至军矣。"<u>项王则受璧，置之坐上。亚父受玉斗，置之地，拔剑撞而破之</u>，曰："唉！竖子不足与谋。<u>夺项王天下者，必沛公也，吾属今为之虏矣。</u>"【眉批】项王不怒沛公之去者，故自不与项庄之剑舞也。亚父至是始知项王故与己违，故怒。沛公至军，立诛杀曹无伤。

居数日，项羽引兵西屠咸阳，杀秦降王子婴，烧秦宫室，火三月不灭；收其货宝妇女而东。【眉批】已坑秦卒，故不欲自处关中；特残败之，不以完实与他人。非真为怀楚者。人或说项王曰："关中阻山河四塞，地肥饶，可都以霸。"项王见秦宫室皆以烧残破，<u>又心怀思欲东归</u>，曰："富贵不归故乡，如衣绣夜行，谁知之者！"说者曰："人言楚人沐猴而冠耳，果然。"项王闻之，烹说者。

项王使人致命怀王。怀王曰："如约。"乃尊怀王为义帝。<u>项王欲自王，先王诸将相。</u>谓曰："天下初发难时，假立诸侯后以伐秦。然身被坚执锐首事，暴露于野三年，灭秦定天下者，皆将相诸君与籍之力也。义帝虽无功，故当分其地而王之。"诸将皆曰："善。"乃分天下，立诸将为侯王。<u>项王、范增疑沛公之有天下</u>，业已讲解，又恶负约，恐诸侯叛之，<u>乃阴谋曰："巴、蜀道险，秦之迁人皆居蜀。"乃曰："巴、蜀亦关中地也。"</u>故立沛公为汉王，王巴、蜀、汉中，都南郑。<u>而三分关中，王秦降将以距塞汉王。</u>【眉批】分封时第一着手在此。究竟事势尽在此。范增此谋亦大险谲，不意反资沛公以三秦也。项王乃立章邯为雍王，【眉批】距汉全倚章邯、欣、翳为之助。又因以防邯本谋，盖如此。王咸阳以西，都废丘。长史欣者，故为栎阳狱掾，尝有德于项梁；都尉董翳者，本劝章邯降楚。故立司马欣为塞王，王咸阳以东至河，都栎阳；立董翳为翟王，王上郡，都高奴。徙魏王豹为西魏王，王河东，都平阳。瑕丘申阳者，张耳嬖臣也，先下河南郡，迎楚河上，故

立申阳为河南王，都雒阳。韩王成因故都，都阳翟。赵将司马卬定河
内，数有功，故立卬为殷王，王河内，都朝歌。徙赵王歇为代王。赵
相张耳素贤，<u>又从入关，</u>故立耳为常山王，王赵地，都襄国。当阳君
黥布为楚将，常冠军，故立布为九江王，都六。鄱君吴芮率百越佐诸
侯，又从入关，故立芮为衡山王，都邾。义帝柱国共敖将兵击南郡，
功多，因立敖为临江王，都江陵。【眉批】徐孚远曰："封九江、临江、衡
山三王，皆近楚以自藩援也。"徙燕王韩广为辽东王。燕将臧荼从楚救赵，
因从入关，故立荼为燕王，都蓟。徙齐王田市为胶东王。齐将田都从
共救赵，因从入关，故立都为齐王，都临菑。故秦所灭齐王建孙田
安，项羽方渡河救赵，田安下济北数城，引其兵降项羽，故立安为济
北王，都博阳。田荣者，数负项梁，又不肯将兵从楚击秦，以故不
封。<u>成安君陈馀弃将印去，</u>不从入关，然素闻其贤，有功于赵，闻其
在南皮，故因环封三县。番君将梅鋗功多，故封十万户侯。项王自立
为西楚霸王，王九郡，都彭城。

　　汉之元年四月，诸侯罢戏下，各就国。项王出之国，使人徙义
帝，曰："古之帝者地方千里，必居上游。"乃使使徙义帝长沙郴县。
趣义帝行，其群臣稍稍背叛之，乃阴令衡山、临江王击杀之江中。
【眉批】义帝即弑，故书汉元，实亦项羽元年也。纪项羽而不书其年，体亦如是。
韩王成无军功，【旁批】亦以汉王故。项王不使之国，与俱至彭城，废
以为侯，已又杀之。臧荼之国，因逐韩广之辽东，广弗听，荼击杀广
无终，并王其地。

　　田荣闻项羽徙齐王市胶东，而立齐将田都为齐王，乃大怒，不肯
遣齐王之胶东，因以齐反，迎击田都。田都走楚。齐王市畏项王，乃
亡之胶东就国。田荣怒，追击杀之即墨。<u>荣因自立为齐王，</u>而西击杀
济北王田安，并王三齐。荣与彭越将军印，令反梁地。【眉批】田荣、
彭越大患楚，大利汉。关天下形势最紧。陈馀阴使张同、夏说说齐王田荣

曰："项羽为天下宰，不平。今尽王故王于丑地，而王其群臣诸将善地，逐其故主，赵王乃北居代，馀以为不可。闻大王起兵，且不听不义，愿大王资馀兵，请以击常山，以复赵王，请以国为扞蔽。"齐王许之，因遣兵之赵。陈馀悉发三县兵，与齐并力击常山，大破之。张耳走归汉。陈馀迎故赵王歇于代，反之赵。赵王因立陈馀为代王。

【眉批】汉事宜在《高纪》，且不与诸反楚者并。叙法详简，极有主张。是时，汉还定三秦。项羽闻汉王皆已并关中，且东，齐、赵叛之，大怒。乃以故吴令郑昌为韩王，以距汉。令萧公角等击彭越。彭越败萧公角等。汉使张良徇韩，乃遗项王书曰："汉王失职，欲得关中，如约即止，不敢东。"又以齐、梁反书遗项王曰："齐欲与赵并灭楚。"楚以此故无西意，而北击齐。【眉批】齐亦楚腹心疾，故急之而缓汉耳。征兵九江王布。布称疾不往，使将将数千人行。项王由此怨布也。汉之二年冬，项羽遂北至城阳，田荣亦将兵会战。田荣不胜，走至平原，平原民杀之。遂北烧夷齐城郭室屋，皆坑田荣降卒，系虏其老弱妇女。【眉批】不能委人守齐，但欲残破而去之。项王作用每如此。徇齐至北海，多所残灭。齐人相聚而叛之。于是田荣弟田横收齐亡卒得数万人，反城阳。项王因留，连战未能下。

春，汉王部五诸侯【眉批】《正义》曰："五诸侯谓常山、河南、韩、魏、殷也。"此年十月，常山王张耳降，河南王申阳降，韩王郑昌降，魏王豹降，虏殷王卬，皆汉东出之后，张耳弃国归汉，亦当有士卒。兵，凡五十六万人，东伐楚。项王闻之，即令诸将击齐，而自以精兵三万人南从鲁出胡陵。四月，汉皆已入彭城，收其货宝美人，日置酒高会。项王乃西从萧，晨击汉军而东，至彭城，日中，大破汉军。汉军皆走，相随入穀、泗水，杀汉卒十余万人。汉卒皆南走山，楚又追击至灵壁东睢水上。汉军却，为楚所挤，多杀，汉卒十余万人皆入睢水，睢水为之不流。围汉王三匝。于是大风从西北而起，折木发屋，扬沙石，窈冥昼晦，逢迎楚军。【旁批】天道与人事相为应济。楚军大乱，坏散，而汉王乃得与数十骑遁去，【眉批】写项王此次破汉气势，明其用兵精悍难敌。汉王自是不与角力，遂得制楚之术。欲过沛，收家室而西；楚亦使人追之沛，取汉王家；家皆亡，不与汉王相见。汉王道逢得孝惠、鲁元，乃载行。楚骑追汉王，汉王急，推堕孝惠、鲁元车下，滕公常下收载之。如是者三。曰："虽急不可以驱，奈何弃之？"于是遂得脱。【眉批】此不入《高纪》，尽著之此者，以见羽之全胜。且为太公、吕后入楚军。故遂详及之。求太公、吕后不相遇。审食其从太公、吕后间行，求汉王，反遇楚军。楚军遂与归，报项王，项王常置军中。

是时吕后兄周吕侯为汉将兵居下邑，汉王间往从之，稍稍收其士卒。至荥阳，诸败军皆会，萧何亦发关中老弱未傅悉诣荥阳，复大振。楚起于彭城，常乘胜逐北，与汉战荥阳南京、索间，汉败楚，楚以故不能过荥阳而西。【眉批】此时，天下大局，本在荥阳。吴广败而陈胜亡，汉高守而项羽困。

项王之救彭城，追汉王至荥阳，田横亦得收齐，立田荣子广为齐王。汉王之败彭城，诸侯皆复与楚而背汉。汉军荥阳，筑甬道属之河，以取敖仓粟。汉之三年，项王数侵夺汉甬道，汉王食乏，恐，请和，割荥阳以西为汉。

项王欲听之。历阳侯【旁批】带见封爵。范增曰："汉易与耳，今释弗取，后必悔之。"项王乃与范增急围荥阳。汉王患之，乃用陈平计间项王。项王使者来，为太牢具，举欲进之。见使者，详惊愕曰："吾以为亚父使者，乃反项王使者。"更持去，以恶食食项王使者。使者归报项王，项王乃疑范增与汉有私，稍夺之权。范增大怒，曰："天下事大定矣，君王自为之。愿赐骸骨归卒伍。"项王许之。行未至彭城，疽发背而死。

汉将纪信说汉王曰："事已急矣，请为王诳楚为王，王可以间出。"于是汉王夜出女子荥阳东门被甲二千人，楚兵四面击之。纪信乘黄屋车，傅左纛，曰："城中食尽，汉王降。"楚军皆呼万岁。<u>汉王亦与数十骑从城西门出</u>，走成皋。【旁批】成皋是荥阳，少退步。项王见纪信，问："汉王安在？"信曰："汉王已出矣。"项王烧杀纪信。

汉王使御史大夫周苛、枞公、魏豹守荥阳。周苛、枞公谋曰："反国之王，难与守城。"乃共杀魏豹。楚下荥阳城，生得周苛。项王谓周苛曰："为我将，我以公为上将军，封三万户。"周苛骂曰："若不趣降汉，汉今虏若，若非汉敌也。"项王怒，烹周苛，并杀枞公。

汉王之出荥阳，<u>南走宛、叶</u>，得九江王布，<u>行收兵</u>，复入保成皋。汉之四年，项王进兵围成皋。汉王逃，独与滕公出成皋北门，渡河走修武，从张耳、韩信军。诸将稍稍得出成皋，从汉王。<u>楚遂拔成皋，欲西</u>。<u>汉使兵距之巩</u>，<u>令其不得西</u>。【旁批】巩又是成皋，少退步。此时，楚几胜、汉几败，彭王于此，为汉功不小。

是时，<u>彭越渡河击楚东阿</u>，<u>杀楚将军薛公</u>。项王乃自东击彭越。汉王得淮阴侯兵，欲渡河南。郑忠说汉王，乃止壁河内。使刘贾将兵佐彭越，烧楚积聚。项王东击破之，走彭越。<u>汉王则引兵渡河</u>，<u>复取成皋</u>，<u>军广武</u>，<u>就敖仓食</u>。项王已定东海来，西，与汉俱临广武而军，相守数月。

当此时，<u>彭越数反梁地</u>，<u>绝楚粮食</u>，项王患之。【眉批】前时楚患田荣，此时专苦彭越。为高俎，置太公其上，告汉王曰："今不急下，吾烹太公。"汉王曰："吾与项羽俱北面受命怀王，曰'约为兄弟'，吾翁即若翁，必欲烹而翁，则幸分我一杯羹。"项王怒，欲杀之。项伯曰："天下事未可知，且为天下者不顾家，虽杀之无益，只益祸耳。"项王从之。

楚汉久相持未决，丁壮苦军旅，老弱罢转漕。项王谓汉王曰："<u>天下匈匈数岁者</u>，<u>徒以吾两人耳</u>，<u>愿与汉王挑战决雌雄</u>，<u>毋徒苦天</u>

下之民父子为也。"【旁批】计穷力屈作此，无聊语。可笑！可怜！汉王笑谢曰："吾宁斗智，不能斗力。"项王令壮士出挑战。汉有善骑射者楼烦，楚挑战三合，楼烦辄射杀之。项王大怒，乃自被甲持戟挑战。楼烦欲射之，项王瞋目叱之，楼烦目不敢视，手不敢发，遂走还入壁，不敢复出。【旁批】项王威棱如此，真是天上白虎。然其战士，故不敌汉。汉王使人间问之，乃项王也。汉王大惊。于是项王乃即汉王相与临广武间而语。汉王数之，项王怒，欲一战。汉王不听，项王伏弩射中汉王。汉王伤，走入成皋。

项王闻淮阴侯已举河北，破齐、赵，且欲击楚，【旁批】汉益胜，楚益急。乃使龙且往击之。淮阴侯与战，骑将灌婴击之，大破楚军，杀龙且。韩信因自立为齐王。项王闻龙且军破，则恐，使盱台人武涉往说淮阴侯。淮阴侯弗听。是时，彭越复反，下梁地，绝楚粮。项王乃谓海春侯大司马曹咎等曰："谨守成皋，则汉欲挑战，慎勿与战，毋令得东而已。我十五日必诛彭越，定梁地，复从将军。"乃东，行击陈留、外黄。

外黄不下。数日，已降，项王怒，【眉批】尔时尚欲逞忿肆威。项王真粗人！悉令男子年十五已上诣城东，欲坑之。外黄令舍人儿年十三，往说项王曰："彭越强劫外黄，外黄恐，故且降，待大王。大王至，又皆坑之，百姓岂有归心？从此以东，梁地十余城皆恐，莫肯下矣。"项王然其言，乃赦外黄当坑者。东至睢阳，闻之皆争下项王。

汉果数挑楚军战，楚军不出。【眉批】羽方东出，汉便挑战，可见羽善战。汉高最知，短长、伸缩皆得。使人辱之，五六日，大司马怒，渡兵汜水。士卒半渡，汉击之，大破楚军，尽得楚国货赂。大司马咎、长史翳、塞王欣皆自刭汜水上。大司马咎者，故蕲狱掾，长史欣亦故栎阳狱吏，两人尝有德于项梁，是以项王信任之。【旁批】不但应前事，用见项羽绝无用人才略，但亲信此等庸劣。旧故人耳，焉得不败？当是时，项王在睢阳，闻海春侯军败，则引兵还。汉军方围钟离眜于荥阳东，项王至，汉军畏楚，尽走险阻。【旁批】不与斗力。

是时，汉兵盛食多，项王兵罢食绝。汉遣陆贾说项王，请太公，项王弗听。汉王复使侯公往说项王，项王乃与汉约，中分天下，割鸿沟以西者为汉，鸿沟而东者为楚。项王许之，即归汉王父母妻子。军皆呼万岁。汉王乃封侯公为平国君。匿弗肯复见。【眉批】计侯公必以汉不背楚，力要项王。而高祖又自与侯公有要言，故弗肯复见。然此时欲讲者楚，非辩说之力也。曰："此天下辩士，所居倾国，故号为平国君。"项王已约，乃引兵解而东归。

汉欲西归，【眉批】汉高此时岂肯纵舍项王者？盖设为欲归以自解免，而委其事于臣下也。张良、陈平说曰："汉有天下太半，而诸侯皆附之。楚兵罢食尽，此天亡楚之时也，不如因其机而遂取之。今释弗击，此所谓'养虎自遗患'也。"汉王听之。汉五年，汉王乃追项王至阳夏南，止军，与淮阴侯韩信、建成侯彭越期会而击楚军。至固陵，而信、越之兵不会。楚击汉军，大破之。汉王复入壁，深堑而自守。【旁批】穷寇难追，何况项王决非盛兵，围之不可。谓张子房曰："诸侯不从约，为之奈何？"对曰："楚兵且破，信、越未有分地，其不至固宜。君王能与共分天下，今可立致也。即不能，事未可知也。君王能自陈以东傅海，尽与韩信；睢阳以北至谷城，以与彭越：使各自为战，则楚易败也。"汉王曰："善。"于是乃发使者告韩信、彭越曰："并力击楚。楚破，自陈以东傅海与齐王，睢阳以北至谷城与彭相国。"使者至，韩信、彭越皆报曰："请今进兵。"【旁批】信、越为汉如此。楚破信、越，安得免诛？韩信乃从齐往，刘贾军从寿春并行，屠城父，至垓下。大司马周殷叛楚，以舒屠六，举九江兵，随刘贾、彭越皆会垓下，诣项王。

项王军壁垓下，兵少食尽，汉军及诸侯兵围之数重。夜闻汉军四面皆楚歌，【旁批】汉围必用楚地兵居内，故然尔。项王乃大惊曰："汉皆已得楚乎？是何楚人之多也！"项王则夜起，饮帐中。有美人名虞，常幸从；骏马名骓，常骑之。于是项王乃悲歌忼慨，自为诗曰："力拔山兮气盖世，时不利兮骓不逝。骓不逝兮可奈何，虞兮虞兮奈若何！"歌数阕，美人和之。项王泣数行下，左右皆泣，莫能仰视。

【眉批】千古英雄末路，此为悲壮第一矣！文墨淋漓，项王之歌，史公之笔，两相得也。

于是项王乃上马骑，麾下壮士骑从者八百余人，直夜溃围南出，驰走。平明，汉军乃觉之，令骑将灌婴以五千骑追之。项王渡淮，骑能属者百余人耳。项王至阴陵，迷失道，问一田父，田父绐曰"左"。左，乃陷大泽中。以故汉追及之。项王乃复引兵而东，至东城，乃有二十八骑。【旁批】以八千人始，二十八骑终。汉骑追者数千人。项王自度不得脱。谓其骑曰："吾起兵至今八岁矣，身七十余战，所当者破，所击者服，未尝败北，遂霸有天下。然今卒困于此，此天之亡我，非战之罪也。今日固决死，愿为诸君决战，必三胜之，为诸君溃围，斩将，刈旗，【眉批】此处仍证明项王兵法之奇，表其长也，亦见其短也。令诸君知天亡我，非战之罪也。"乃分其骑以为四队，四向。汉军围之数重。项王谓其骑曰："吾为公取彼一将。"令四面骑驰下，期山东为三处。于是项王大呼驰下，汉军皆披靡，遂斩汉一将。是时，赤泉侯为骑将，追项王，项王瞋目叱之，赤泉侯人马俱惊，辟易数里，与其骑会为三处。汉军不知项王所在，乃分军为三，复围之。项王乃驰，复斩汉一都尉，杀数十百人，复聚其骑，亡其两骑耳。乃谓其骑曰："何如？"骑皆伏曰："如大王言。"

于是项王乃欲东渡乌江。【眉批】欲东渡矣，有船而复止，何也？假而为亭长缚以投汉，或沉之江中，岂不羞辱？此见项王善自收手处。乌江亭长檥船待，谓项王曰："江东虽小，地方千里，众数十万人，亦足王也。愿大王急渡。今独臣有船，汉军至，无以渡。"项王笑曰："天之亡我，我何渡为！且籍与江东子弟八千人渡江而西，今无一人还，纵江东父兄怜而王我，我何面目见之？纵彼不言，籍独不愧于心乎？"乃谓亭长曰："吾知公长者。吾骑此马五岁，所当无敌，尝一日行千里，不忍杀之，以赐公。"【眉批】英雄惜马，便与安放，不使落汉兵手。此等益见项王意气可爱。惟虞姬不著死处，疑垓下歌后，已杀之耳。乃令骑皆下马步行，持短兵接战。独籍所杀汉军数百人。项王身亦被十余创。顾见汉骑司马吕马童，曰："若非吾故人乎？"马童面之，指王翳曰："此项王也。"项王乃曰："吾闻汉购我头千金，邑万户，吾为若德。"乃自刎而死。王翳取其头，余骑相蹂践争项王，相杀者数十人。最其后，郎中骑杨喜，骑司马吕马童，郎中吕胜、杨武各得其一体。五人共会其体，皆是。分其地为五：封吕马童为中水侯，封王翳为杜衍侯，封杨喜为赤泉侯，封杨武为吴防侯，封吕胜为涅阳侯。【旁批】一死项王身，乃侯五人。

项王已死，楚地皆降汉，独鲁不下。汉乃引天下兵欲屠之，为其守礼义，为主死节，乃持项王头示鲁，鲁父兄乃降。始，楚怀王初封项籍为鲁公，及其死，鲁最后下，故以鲁公礼葬项王谷城。【眉批】鲁以圣人遗泽，不倍项王。项王愧见怀王矣。汉以鲁公礼葬项王，斟酌颇当。汉王为发哀，泣之而去。

诸项氏枝属，汉王皆不诛。乃封项伯为射阳侯。桃侯、平皋侯、玄武侯皆项氏，赐姓刘氏。

太史公曰：吾闻之周生曰"舜目盖重瞳子"，又闻项羽亦重瞳子。羽岂其苗裔邪？何兴之暴也！夫秦失其政，陈涉首难，豪杰蜂起，相与并争，不可胜数。然羽非有尺寸，乘势起陇亩之中，三年，遂将五诸侯灭秦，分裂天下，而封王侯，政由羽出，号为"霸王"，位虽不终，近古以来未尝有也。及羽背关怀楚，放逐义帝而自立，怨王侯叛己，难矣。自矜功伐，奋其私智而不师古，谓霸王之业，欲以力征经营天下，五年卒亡其国，身死东城，尚不觉悟而不自责，过矣。乃引"天亡我，非用兵之罪也"，岂不谬哉！

【眉批】项羽疑本春秋项国之后，为齐人徐人所灭者。子孙因仕于楚，然项国未知本何姓也。又疑项地近陈，齐桓灭项，其地遂入于陈，陈之公族有食于此者，因以为氏。至楚灭陈，项氏乃在楚也。史公此赞以"重瞳"似舜为言，非为戏笑语也。盖以接周、秦，后暴起。用事者皆神明之，胥刘祖尧，而项或胥舜。特书，无明据不敢证实耳。此类皆史公所谓心知其意者。

【总评】此纪世之喜文字者，无不读而赞之！究其所喜者，起事一段、救赵一段、鸿门一段、垓下一段，其他所知者，盖仅矣。此由以粗心读古人书。正如逢场观剧，取其搬演热眼者而已。其实一部大曲，经营巧拙，非深于其事者，不知也。史家原只依事实录，非可任意措置。然至事大绪繁，得失、是非之变，纷起其间。非洞观要最，扫除一切旁枝余蔓，未得恣意详写，使其人其事、始终本末，真实发露，读者惊动悲慨，千载下如昨日事也。如此《纪》，项氏起吴中，部署徇县诸事，绝无指数。直入渡江击秦、建立楚后，项梁败死不久，其人事迹并略，专向项羽铺陈。至入关擅事以后，怀王彭城举动不涉一语。独沛公鸿门摹绘累纸，唯恐不尽。其后所置诸侯王，与项氏岂免交涉，竟无所及。独及田齐、英布、益以彭越，皆关楚汉成败紧处，即又不肯琐屑多道。吾意史公作此《纪》时，打量项王一生事业，立楚是起手大著，救赵、破秦是擅天下缘由，其后则专与汉祖虎争龙战而已。故下笔万言，滔滔滚滚，如长江大河，激石滩高、迥山潭曲、鱼龙出没、舟楫横飞。要是顺流东下，瞬息千里，终无有滞碍处耳。从来良史记事第一论识，而柳子之评史公曰："洁！"真是高眼看透。学者但能从有会无，即详知略，则于序事之文，立占胜步矣。

　　项王起江东，西渡江、渡淮；北渡河救赵、破秦；西入关剖封、侯王；东归彭城；北破齐城阳；南逐汉灵壁；西拒成皋；东败走乌江。篇中"东""西""南""北"字，指画分明，虽地名可更，形势不易。后人无须按图考志，已可踪迹其去来也。其间最紧要者，数"东""西"字，已尽楚汉兵势。如云汉王已并关中且东；云羽以此故无西意而北击齐；云汉王部五诸侯东伐楚；云战京、索间，汉败楚，楚以故不能过荥阳而西；云楚遂拔成皋欲西，汉使兵距之巩，令其不得西；云割鸿沟，西为汉，东为楚，乃引兵解而东归。此于楚汉形势得失了然可见，何者？汉王既出关，东向而争天下，独扼荥阳、成皋，固其内而临其外，楚人自不敢放宽一步，汉可坐收其敝。至于楚人独利，进兵西攻，必不得西，大局败矣。汉祖洞见此机，故悉关中兵力，身与项王决争数岁，屡挫不挠。而又以其间挥指名将，摧廓旁面。魏豹一反即虏，汉无后忧，旋举燕赵，遂取全齐，冲楚腰胁，又收召彭越、英布。楚人腹背皆患，不待垓下之事，而楚亡汉帝决矣。史公独以"东""西"字点此，一大棋局输赢，著路了然在目，非深达兵事，的知枢轴，乌能成此史文者乎？

　　三代下帝王雄才大略，莫如汉高。汉高大敌，则项王也。项王如虎，汉王如龙，俱天授命世英雄，非寻常时代所有。项王气盖一世，又知兵善战，所当摧破，无与对敌。独汉祖能屈伸变化，忍苦耐辱，以全大计。彭城高会，尚有卑视项王之意。及经摧败，遂一力拒险待时，坚不与角，此项王之所以败也。假而令淮阴等人与之对垒，未免被其气压，或恃能轻战，一蹉跌莫能起矣。开篇提明项王材勇、兵法，以后极意摹写，风起雷动、排山倒海。使人口噤舌缩，骇其为人，不愧与汉祖作对。而其力长智短，被汉祖算定处，分明自见。盖为项王出十分气色，即为汉祖加十分光彩。史公不肯低没项王，终竟高抬汉祖，而极口项王雄武，却是影照项王粗疏。美中寓惜，抑处仍扬，妙手写神，微乎至矣。大凡传述一人，必令其人表里俱出。况于项王盖代之雄，岂可如韩干画马，多肉少骨，使神骏丧气耶？至垓下、乌江，忼慨悲愤，亦只依本色传出，不如此则全神不具。或乃谓龙门以身世不平之气，代为项王呜咽。小儿强作解事，殆可一笑。

　　刘、项氏争天下，成败得失，后人论之详矣。其放弑义帝一事，儒者以为大戮，而智计之士，殊不谓然。所指项王失计，大要在不都关中而归彭城，反以三秦资汉祖。及坑秦、夷齐、恣虐、失民、分封不平、拘怨树敌、不能委任良将、旁出奇兵、独身与汉祖相拒。凡此，诚皆项氏败著。吾以谓，皆自放、弑义帝一事，情势逼迫而成者。何以明之？自矫杀卿子冠军，羽与怀王不并立。其拥兵入关，必计秦破后，已不能远处关中。而彭城，楚根本地，须夺据之，乃可号令诸侯。故新安敢于坑卒，亦因无意王秦故也。而沛公与羽，俱受命怀王，功、势相并，畏其仗义称兵。故假依旧约，闭之深险。章邯善兵，岂知已不足用！又降卒既坑，复屠烧咸阳，亦防邯用之背叛，其破齐肆暴，意亦类此。既擅权剖割天下，自须扶树私人，屏除异己，分封不平，殆无足怪。而身负弑主之名，又恶能厚任才杰，而无虑其反己者乎？此皆因势立事，相激使然，可以意测知其所由者也。

　　予尝为《范增论》，以谓羽之弑主取败，事皆由增。而项氏为楚忠臣良将之后，决无可以自王之理！立论似迂，差异不识事势者。附录之此。

　　论曰：古今学者道秦、汉之际，刘、项氏得失之故。皆曰：项王放、弑义帝，负天下大恶，又不居关中而都彭城，失形便。及宰割侯王，逞私背公，主天下怨。汉祖乘之，羽遂破灭。以余观之，项氏所以暴疆，与其终败，皆范增为之也。项氏世楚将家，秦之灭楚，项燕复立楚，斗秦而败死。则项燕者，固楚国至忠之臣也。梁、籍，燕之子孙，苟未能举事则已，举事必从先人之志，报君父之仇，决然无他可为者矣。然项梁起兵、渡江，未有义声。而但击杀景驹，则其志固不在楚矣。增诚贤者，宜称引大义，晓譬梁、籍，绝其非望，幸能听从，兴复楚国可也。奈何但令立楚后为名号而已哉？夫名者，天下之所最重，未易举废。而在于项氏尤甚，何者？楚之亡才十余岁，其故家遗民，欲复楚者何限？故项氏一呼，楚兵毕集，非独怜怀王，而亦痛项燕之死也！增不知此指，徒借助民望，思谲而用之。以孙冒祖，称谓无稽，义帝之弑实自于此矣。而孙心起牧羊儿伍之中，又自英伟，有君人意度。乘项梁败死，辄自收兵柄，用吕臣父子于内，西军独遣沛公。屈羽、增其下，使北救赵。当此之时，微独羽之雄暴，忿恨其主，而增岂肯心服哉？其欲杀宋义，而夺之兵决矣。然宋义留军安阳四十余日，羽始矫杀之，何也？义之留军，非失策也。秦兵方盛，章邯、王离未易卒破，而张耳、陈馀尚能守赵，故委赵以敝秦，其本计然也。及是而宋义固进兵不久矣。羽乃强争而矫杀之。因以声震诸侯，鼓士卒，而破秦军，必增之谋也。藉非增谋羽之屠义，必遽无以立名。而渡河救赵时犹未可，而战不亟胜也。故曰，此增之谋也。羽既已破、降秦军，将驱而入关，不能拊安降卒，惧其为变而坑之新安，此又宜增所主谋者，何者？羽虽暴恣，至坑杀数十万人，未有不少为迟疑者，非增赞之，羽岂能决哉！而关中之不可都，居以此矣。于是，天下威权，既皆尽在于羽，将以谓天下莫难我也。而楚后之立者，至此可以无事。遂乃剖裂宇内，专封王侯，放、弑义帝，而自为霸王。盖增所为羽主画者，于此粗就，而项氏之亡，形成矣。且夫天之亡秦，当时人皆知之。至六国之不复，则未可知也。天下豪杰叛秦者，皆争立六国，虽汉高之起，亦资楚而集焉。假令楚帝尚存，汉高欲为帝王，固未可也。况项氏，楚之世臣；羽亲燕之子孙，而乃倍君忘亲，欺国人，隳家声，而欲为帝王，岂可哉？增始说项梁而尤陈涉，陈涉，楚之鄙人耳。增犹以其不立楚致败。及见羽擅事，形势在己，遂肆然变天下之大局而不疑，不知其乃为他人便事，而己之颠倒取败，且什百于陈王也。或谓羽且无废义帝，而挟以令天下，天下大定，乃徐取之，如后世篡者之为。羽奚为不出此？曰：增之计熟矣。羽擅事日浅，其人之亲信者稀。而山东诸侯之叛者，又可逆知也。设令义帝居中，而羽用兵于外，其势必危，故速决如此。此非增之谋而谁谋耶！高帝曰"项王有一亚父不能用"，此自谓鸿门一事耳。鸿门之不杀高帝，乃羽之善，而增之见小也。至王高帝汉中，计久闭之，毋令得驰骋，交诸侯，而摇动天下，又增之所为奇计者。而史称"恶负约，巴蜀亦关中地者"，谬词也。义帝可弑而恶负约哉？凡增之所为羽谋者，类皆诡秘如是。盖增者，纵横之流，不达大谊，果不可以谋人家国。虽微汉高定天下者，非羽也。吾故具论其本末，明项氏所以亡灭者，皆增之由。而又惜项羽以忠臣子孙，而妄欲为帝王之事也。云云。按《秦始皇本纪》：二十三年，秦使王翦击荆，虏荆王，秦王由郢至陈。荆将项燕，立昌平君为楚王，反秦于淮南。二十五年，王翦、蒙武破荆军，昌平君死，项燕遂自杀。而《楚世家》：王负刍四年，秦将王翦，破我军于蕲，而杀将军项燕。五年，秦将王翦、蒙武遂破楚国，虏楚王负刍。史文两处记载不同，要之项燕死楚社稷，故楚人怜之。或以为死，或以为亡。而陈涉犹假名起事，可见项氏倡义，易以为功。反此，亦易取败也。从来论史之家，或未细究于此。

张耳陈馀列传

　　张耳者，大梁人也。其少时，及魏公子毋忌为客。张耳尝亡命游外黄。外黄富人女甚美，嫁庸奴，亡其夫，去抵父客。父客素知张耳，乃谓女曰："必欲求贤夫，从张耳。"女听，乃卒为请决，嫁之张耳。张耳是时脱身游，女家厚奉给张耳，张耳以故致千里客。【眉批】张王一生，以致客负盛名，故为原其结婚富人。事陈馀亦然。乃宦魏为外黄令。名由此益贤。陈馀者，亦大梁人也，好儒术，数游赵苦陉。富人公乘氏以其女妻之，亦知陈馀非庸人也。馀年少，父事张耳，两人相与为刎颈交。

　　秦之灭大梁也，张耳家外黄。高祖为布衣时，尝数从张耳游，客数月。秦灭魏数岁，已闻此两人【眉批】"两人"字着眼。魏之名士也，购求有得张耳千金，陈馀五百金。张耳、陈馀乃变名姓，俱之陈，为里监门以自食。两人相对。【旁批】四字神情。里吏尝有过笞陈馀，陈馀欲起，张耳蹑之，使受笞。吏去，张耳乃引陈馀之桑下而数之曰："始吾与公言何如？今见小辱而欲死一吏乎？"陈馀然之。秦诏书购求两人，两人亦反用门者以令里中。

　　陈涉起蕲，至入陈，兵数万。张耳、陈馀上谒陈涉。涉及左右生平数闻张耳、陈馀贤，未尝见，见即大喜。【旁批】七字神情。陈中豪杰父老乃说陈涉曰："将军身被坚执锐，率士卒以诛暴秦，复立楚社稷，存亡继绝，功德宜为王。且夫监临天下诸将，不为王不可，愿将军立为楚王也。"陈涉问此两人，两人对曰：【旁批】两人同气同声。"夫秦为无道，破人国家，灭人社稷，绝人后世，罢百姓之力，尽百姓之财。将军瞋目张胆，出万死不顾一身之计，为天下除残也。今始至陈而王之，示天下私。愿将军毋王，急引兵而西，【旁批】两人见地高过陈王。此时，陈王不立六国，六国自立，盖其势然也。遣人立六国后，自为树党，为秦益敌也。敌多则力分，与众则兵强。如此野无交兵，县无守城，诛暴秦，据咸阳以令诸侯。诸侯亡而得立，以德服之，如此则帝业成矣。今独王陈，恐天下解也。"【眉批】说便容易。陈王便依两人计策，未必不败。陈涉不听，遂立为王。

陈馀乃复说陈王曰："大王举梁、楚而西，务在入关，未及收河北也。臣尝游赵，知其豪杰及地形，愿请奇兵北略赵地。"于是陈王以故所善陈人武臣为将军，邵骚为护军，以张耳、陈馀为左右校尉，予卒三千人，北略赵地。【眉批】藉兵略地，工自为计耳。馀，魏人，顾反用赵，何也？时周市已徇魏故也。馀素习赵，此时，张耳颇倚馀为事。

武臣等从白马渡河，至诸县，说其豪杰曰："秦为乱政虐刑以残贼天下，数十年矣。北有长城之役，南有五岭之戍，外内骚动，百姓罢敝，头会箕敛，以供军费，财匮力尽，民不聊生。重之以苛法峻刑，使天下父子不相安。陈王奋臂为天下倡始，王楚之地，方二千里，莫不响应，家自为怒，人自为斗，各报其怨而攻其雠，县杀其令丞，郡杀其守尉。今已张大楚，王陈，使吴广、周文将卒百万西击秦。于此时而不成封侯之业者，非人豪也。"【旁批】语语气势，当时天下实如此。故曰：天之亡秦，无愚智皆知之。诸君试相与计之！夫天下同心而苦秦久矣。因天下之力而攻无道之君，报父兄之怨而成割地有土之业，此士之一时也。"豪杰皆然其言。乃行收兵，得数万人，号武臣为武信君。下赵十城，余皆城守，莫肯下。

乃引兵东北击范阳。范阳人蒯通说范阳令曰："窃闻公之将死，故吊。虽然，贺公得通而生。"【眉批】耳、馀颇腾文说。篇中蒯生、养卒相为映发，班史取通事为别传，遂令此传减色。范阳令曰："何以吊之？"对曰："秦法重，足下为范阳令十年矣，杀人之父，孤人之子，断人之足，黥人之首，不可胜数。然而慈父孝子莫敢倳刃公之腹中者，畏秦法耳。

今天下大乱，秦法不施，然则慈父孝子且傳刃公之腹中以成其名，此臣之所以吊公也。今诸侯畔秦矣，武信君兵且至，而君坚守范阳，少年皆争杀君，下武信君。君急遣臣见武信君，可转祸为福，在今矣。"

范阳令乃使蒯通见武信君曰："足下必将战胜然后略地，攻得然后下城，臣窃以为过矣。诚听臣之计，可不攻而降城，不战而略地，传檄而千里定，可乎？"武信君曰："何谓也？"蒯通曰："今范阳令宜整顿其士卒以守战者也，怯而畏死，贪而重富贵，故欲先天下降，畏君以为秦所置吏，诛杀如前十城也。然今范阳少年亦方杀其令，<u>自以城距君。君何不赍臣侯印，拜范阳令，范阳令则以城下君，少年亦不敢杀其令。令范阳令乘朱轮华毂，使驱驰燕、赵郊。燕、赵郊见之，皆曰此范阳令，先下者也，即喜矣，燕、赵城可毋战而降也。</u>此臣之所谓传檄而千里定者也。"武信君从其计，因使蒯通赐范阳令侯印。赵地闻之，不战以城下者三十余城。

至邯郸，<u>张耳、陈馀闻周章军入关，至戏却；</u>【旁批】一层。<u>又闻诸将为陈王徇地，多以谗毁得罪诛；</u>【旁批】二层。<u>怨陈王不用其策；</u>【旁批】三层。<u>不以为将而以为校尉。</u>【旁批】四层。【眉批】耳、馀背陈王立武臣，有此几段意见，叙法详审。乃说武臣曰："陈王起蕲，至陈而王，非必立六国后。将军今以三千人下赵数十城，独介居河北，不王无以填之。且陈王听谗，还报，怨不脱于祸。又不如立其兄弟；【旁批】谓陈涉自立其兄弟。不，即立赵后。将军毋失时，时间不容息。"武臣乃听之，遂立为赵王。以陈馀为大将军，张耳为右丞相，邵骚为左丞相。

使人报陈王，陈王大怒，欲尽族武臣等家，而发兵击赵。陈王相国房君谏曰："秦未亡而诛武臣等家，此又生一秦也。不如因而贺之，使急引兵西击秦。"陈王然之，从其计，徙系武臣等家宫中，封张耳子敖为成都君。【眉批】陈涉畏耳、馀难制，乃用为校尉，而以武臣等御之。

及事势已变，转封张敖，欲以此收其心。似此举动，终是田舍儿气象。所谓遣置王侯将相竟亡秦者，其事也，而皆非其意也。

陈王使使者贺赵，令趣发兵西入关。张耳、陈馀说武臣曰："王王赵，非楚意，特以计贺王。楚已灭秦，必加兵于赵。愿王毋西兵，北徇燕、代，南收河内以自广。赵南据大河，北有燕、代，楚虽胜秦，必不敢制赵。"赵王以为然，因不西兵，而使韩广略燕，李良略常山，张黡略上党。

韩广至燕，燕人因立广为燕王。【眉批】《陈涉世家》中，只言武臣自立为赵王，而具其由于此。此传只言韩广立为燕王而语详，彼中义各有，当读者最宜会心。赵王乃与张耳、陈馀北略地燕界。赵王间出，为燕军所得。燕将囚之，欲与分赵地半，乃归王。使者往，燕辄杀之以求地。张耳、陈馀患之。有厮养卒谢其舍中曰："吾为公说燕，与赵王载归。"【旁批】时习战国余风，每有此口舌异人。舍中皆笑曰："使者往十余辈，辄死，若何以能得王？"乃走燕壁。燕将见之，问燕将曰："知臣何欲？"燕将曰："若欲得赵王耳。"曰："君知张耳、陈馀何如人也？"燕将曰："贤人也。"曰："知其志何欲？"曰："欲得其王耳。"赵养卒乃笑曰："君未知此两人所欲也。夫武臣、张耳、陈馀杖马箠下赵数十城，此亦各欲南面而王，岂欲为卿相终已邪？夫臣与主岂可同日而道哉，顾其势初定，未敢参分而王，且以少长先立武臣为王，以持赵心。今赵地已服，此两人亦欲分赵而王，时未可耳。今君乃囚赵王。此两人名为求赵王，实欲燕杀之，此两人分赵自立。夫以一赵尚易燕，况以两贤王左提右挈，而责杀王之罪，灭燕易矣。"【眉批】卒说大中肯要。此人后竟无闻于时，得非与于武臣之难耶？燕将以为然，乃归赵王，养卒为御而归。

李良已定常山，还报，赵王复使良略太原。至石邑，秦兵塞井陉，未能前。秦将【旁批】是他军，非章邯军。诈称二世使人遗李良书，不封，曰："良尝事我得显幸。良诚能反赵为秦，赦良罪，贵良。"良得书，疑不信。乃还之邯郸，益请兵。【眉批】序李良事，字句洁而意备。未至，道逢赵王姊出饮，从百余骑。李良望见，以为王，伏谒道傍。王姊醉，不知其将，使骑谢李良。李良素贵，起，惭其从官。从官有一人曰："天下畔秦，能者先立。且赵王素出将军下，今女儿乃不为将军下车，请追杀之。"李良已得秦书，固欲反赵，未决，因此怒，遣人追杀王姊道中，乃遂将其兵袭邯郸。邯郸不知，竟杀武臣、邵骚。赵人多为张耳、陈馀耳目者，以故得脱出。收其兵，得数万人。【眉批】陈馀虽父事张耳，未肯即奉之为主帅。亦鉴陈涉、武臣之败，陈馀即欲推之，亦未肯当也。客有说张耳曰："两君羁旅，而欲附赵，难；独立，立赵后，扶以义，可就功。"乃求得赵歇，立为赵王，居信都。李良进兵击陈馀，陈馀败李良，李良走归章邯。【眉批】赵歇立张耳奉之，居信都，使陈馀将兵拒李良。馀既败，李良（按：应为陈馀。）乃北之常山，收兵，将以拒良。而章邯之军已破楚，渡河矣。

　　章邯引兵至邯郸，【旁批】章邯军又从项羽，纪邯破项梁后接来。皆徙其民河内，夷其城郭。张耳与赵王歇走入钜鹿城，王离围之。陈馀北收常山兵，得数万人，军钜鹿北。章邯军钜鹿南棘原，筑甬道属河，饷王离。王离兵食多，急攻钜鹿。钜鹿城中食尽兵少，张耳数使人召前陈馀，陈馀自度兵少，不敌秦，不敢前。数月，张耳大怒，怨陈馀，使张黡、陈泽往让陈馀曰："始吾与公为刎颈交，今王与耳旦暮且死，而公拥兵数万，不肯相救，安在其相为死！苟必信，胡不赴秦军俱死？且有十一二相全。"陈馀曰："吾度前终不能救赵，徒尽亡军。且馀所以不俱死，欲为赵王、张君报秦。今必俱死，如以肉委饿虎，何益？"张黡、陈泽曰："事已急，要以俱死立信，安知后虑！"陈馀曰："吾死顾以为无益。必如公言。"乃使五千人令张黡、陈泽先尝秦军，至皆没。

　　当是时，燕、齐、楚闻赵急，皆来救。张敖亦北收代兵，得万余人，来，皆壁馀傍，未敢击秦。项羽兵数绝章邯甬道，王离军乏食，项羽悉引兵渡河，遂破章邯。章邯引兵解，诸侯军乃敢击围钜鹿秦军，遂虏王离。涉间自杀。卒存钜鹿者，楚力也。【眉批】微项羽，张耳不生矣。

　　于是赵王歇、张耳乃得出钜鹿，谢诸侯。张耳与陈馀相见，责让陈馀以不肯救赵，及问张黡、陈泽所在。【眉批】计张敖必屡请馀赴救，馀坚不肯。围解之后，敖必诉之矣。又张黡、陈泽以五千人尝秦军，敖壁馀旁，岂客不知之？此中颇有可疑，或敖之至，已在黡、泽没后也。陈馀怒曰：“张黡、陈泽以必死责臣，臣使将五千人先尝秦军，皆没不出。”张耳不信，以为杀之，数问陈馀。陈馀怒曰：“不意君之望臣深也！岂以臣为重去将哉？”乃脱解印绶，推予张耳。张耳亦愕不受。陈馀起如厕。客有说张耳曰：“臣闻‘天与不取，反受其咎’。今陈将军与君印，君不受，反天不祥。急取之！”张耳乃佩其印，收其麾下。而陈馀还，亦望张耳不让，遂趋出。张耳遂收其兵。陈馀独与麾下所善数百人之河上泽中渔猎。由此陈馀、张耳遂有郤。

　　赵王歇复居信都。张耳从项羽诸侯入关。汉元年二月，项羽立诸侯王，张耳雅游，人多为之言，项羽亦素数闻张耳贤，乃分赵立张耳为常山王，治信都。信都更名襄国。

　　陈馀客多说项羽曰：“陈馀、张耳一体有功于赵。”项羽以陈馀不从入关，闻其在南皮，即以南皮旁三县以封之，而徙赵王歇王代。

　　张耳之国，陈馀愈益怒，曰：“张耳与馀功等也，今张耳王，馀独侯，此项羽不平。”及齐王田荣畔楚，陈馀乃使夏说说田荣曰：“项羽为天下宰不平，尽王诸将善地，徙故王王恶地，今赵王乃居代！愿王假臣兵，请以南皮为扞蔽。”田荣欲树党于赵以反楚，文细。乃遣兵从陈馀。陈馀因悉三县兵袭常山王张耳。张耳败走，念诸侯无可归

者，曰："汉王与我有旧故，而项羽又强，立我，我欲之楚。"甘公
【旁批】亦客，于耳所。曰："汉王之入关，五星聚东井。东井者，秦分
也。先至必霸。楚虽强，后必属汉。"故耳走汉。汉王亦还定三秦，
方围章邯废丘。张耳谒汉王，汉王厚遇之。

陈馀已败张耳，皆复收赵地，迎赵王于代，复为赵王。【眉批】馀
已破、走耳，必欲杀之乃已，卒为耳杀。两雄相毒，必不并世。赵王德陈馀，
立以为代王。陈馀为赵王弱，国初定，不之国，留傅赵王，而使夏说
以相国守代。

汉二年，东击楚，使使告赵，欲与俱。陈馀曰："汉杀张耳乃
从。"于是汉王求人类张耳者斩之，持其头遗陈馀。陈馀乃遣兵助汉。
汉之败于彭城西，陈馀亦复觉张耳不死，即背汉。

汉三年，韩信已定魏地，遣张耳与韩信击破赵井陉，斩陈馀泜
水上，追杀赵王歇襄国。汉立张耳为赵王。汉五年，张耳薨，谥为景
王。子敖嗣立为赵王。高祖长女鲁元公主为赵王敖后。

汉七年，高祖从平城过赵，赵王朝夕袒韝蔽，自上食，礼甚卑，
有子婿礼。高祖箕倨詈，甚慢易之。赵相贯高、赵午等年六十余，故
张耳客也。生平为气，乃怒曰："吾王孱王也！"说王曰："夫天下豪
杰并起，能者先立。今王事高祖甚恭，而高祖无礼，请为王杀之！"
张敖啮其指出血，曰："君何言之误！且先人亡国，赖高祖得复国，
德流子孙，秋毫皆高祖力也。愿君无复出口。"贯高、赵午等十余人
皆相谓曰："乃吾等非也。吾王长者，不倍德。且吾等义不辱，今怨
高祖辱我王，故欲杀之，何乃污王为乎？令事成归王，事败独身坐
耳。"【眉批】或谓史借贯高然诺，以惜张、陈，非也。贯高反谋本未及，以气侠
与诸客并为高祖所识取。皆事所必详于以见张耳以结客取名，不虚也。

汉八年，上从东垣还，过赵，贯高等乃壁人柏人，要之置。上
过欲宿，心动，问曰："县名为何？"曰："柏人。""柏人者，迫于人

也！"不宿而去。

汉九年，贯高怨家知其谋，乃上变告之。于是上皆并逮捕赵王、贯高等。十余人皆争自到，贯高独怒骂曰："谁令公为之？今王实无谋，而并捕王；公等皆死，谁白王不反者！"乃轞车胶致，与王诣长安。治张敖之罪。上乃诏赵群臣宾客有敢从王皆族。贯高与客孟舒等十余人，皆自髡钳，为王家奴，从来。贯高至，对狱，曰："独吾属为之，王实不知。"吏治榜笞数千，刺剟，身无可击者，终不复言。吕后数言张王以鲁元公主故，不宜有此。上怒曰："使张敖举天下，岂少而女乎！"不听。廷尉以贯高事辞闻，上曰："壮士！谁知者，以私问之。"【旁批】高祖大度，真绝千古。中大夫泄公曰："臣之邑子，素知之。此固赵国立名义不侵为然诺者也。"上使泄公持节问之箯舆前。仰视曰："泄公邪？"泄公劳苦如生平驩，与语，问张王果有计谋不。高曰："人情宁不各爱其父母妻子乎？今吾三族皆以论死，岂以王易吾亲哉！顾为王实不反，独吾等为之。"【旁批】述贯高语，激忼动人。具道本指所以为者王不知状。于是泄公入，具以报，上乃赦赵王。

上贤贯高为人能立然诺，使泄公具告之，曰："张王已出。"因赦贯高。贯高喜曰："吾王审出乎？"泄公曰："然。"【旁批】重一"泄公"，文妙！泄公曰："上多足下，故赦足下。"贯高曰："所以不死一身无余者，白张王不反也。今王已出，吾责已塞，死不恨矣。且人臣有篡杀之名，何面目复事上哉！纵上不杀我，我不愧于心乎？"乃仰绝肮，遂死。当此之时，名闻天下。

张敖已出，以尚鲁元故，封为宣平侯。于是上贤张王诸客，以钳奴从张王入关，无不为诸侯相、郡守者。及孝惠、高后、文帝、孝景时，张王客子孙皆得为二千石。【眉批】终言诸客究竟，以结张耳致客之事。史公固慕尚之甚！

张敖，高后六年薨。子偃为鲁元王。以母吕后女故，吕后封为鲁元王。元王弱，兄弟少，乃封张敖他姬子二人：寿为乐昌侯，侈为信都侯。高后崩，诸吕无道，大臣诛之，而废鲁元王及乐昌侯、信都侯。孝文帝即位，复封故鲁元王偃为南宫侯，续张氏。【眉批】按：《汉书·武帝世》：张氏数嗣数绝，皆史公所见，此传不载。盖成此传，最早在武帝初年，偃尚未薨也。

太史公曰：张耳、陈馀，世传所称贤者；其宾客厮役，【旁批】何以能尔？莫非天下俊杰，所居国无不取卿相者。然张耳、陈馀始居约时，相然信以死，岂顾问哉。及据国争权，卒相灭亡，何乡者相慕用之诚，后相倍之戾也！岂非以利哉？名誉虽高，宾客虽盛，所由殆与太伯、延陵季子异矣。

【总评】张耳以宿名高望，致身楚汉之际，累叶侯王。宜在世家，而入之列传者，徒以耳与陈馀两人事迹，一切合并无可分述，故不免自违其例也。读此传者，唯见张、陈初誓刎颈，后至凶终。动谓龙门合传，全为两人交情势利慨叹。果尔，则似小说、私书作用，岂史家事哉？观耳、馀两人奋起揭竿之会，借取声势，遂腾风云，呼召诸侯之兵，一决钜鹿之下，秦以骤灭，楚以暴兴。其后，耳再致王封，馀亦身阶南面。或连齐以倾项；或破赵以翊刘。皆系楚汉间宇宙大事，何徒一二男子异同离合之行耶？必明此义，则知本书因事立篇，决非取巧弄态之文矣！

大梁自信陵结客，风倾当代。及魏之亡，张耳以闾里之人，才得妇家钱财，遽效其事。又有陈馀倾身为之羽翼，名字章彻，山东殆无与比。秦诏书购求两人为此。当世人闻名称贤，亦以此也。然张耳实能致客，如后来留遗贯高辈人，虽负气悖义，正自磊磊异人，即其他可知矣。耳又大得客力，汉祖即其一人，唯一客差恶，败渠一生事，则劝取陈馀将印者是耳。

武臣、邵骚，陈王所善，虽非无所能人，必非英贤可知也。耳、馀一世雄俊，顾奉武臣为王，非王武臣，乃所以自为将相者也。及燕囚武臣，犹必固请得之。徒以天下初起，形势未定，两人未肯以虚名自敝故尔。武臣旋死，更立赵歇，犹本前意，兼以附赵支秦。不然，两人于赵何亲，而亟为此哉？项羽剖封，张耳遂立，不惮迫逐故主，自据便地。而陈馀假名义以破常山，反王而留傅之，仍执赵权，此其心迹皆可知也。用此观之，布衣结客之时，监门隐身之日，诚欲窥时乘会，变化侯王。秦不能以爵禄收召豪杰，反以名捕驱而之乱。而耳、馀并负雄心，终不相下，又安能以友人一旦之急，捐此不赀之躯乎。予读此传，辄为浩叹而置之。

太史公引太伯、延陵，责备耳、馀，似乎阔远。究详其旨，特欲以让道正之耳。当陈馀投印之时，张耳若不乘便收取，虽交分少疏，何至便相仇杀？又若常山剖符之日，能以赵歇竟辞，而身与成安等受君侯之号，捐前忿，去后嫌，贤者之风不当如是耶？而陈馀既脱身泽中，逍遥渔猎；三县之封，婉辞无受。张耳独傲然为王，得无内愧而投谢哉！不此之务，徒见利所在，若鸡鹜争食者。然彼以为烈丈夫取天下之行也，而由古贤高让之道。观之微乎，其无足道矣。呜呼！学者能用斯识趣，以观古人，以游当世，安往而不得吾意乎！

读《史记》，必将《汉书》对读，才知《史》妙《汉》谬。古文义、法，从此悟入。如此传，首叙外黄女事，《史》云：嫁庸奴，亡其夫，去抵父客。文字明白，并无不善。《汉书》改云：庸奴其夫，亡抵父客。凡后人赏爱班书，以为文辞雅炼者，不过如此。究竟添出颜师古十一字注解矣！至其他失文乖义，不可胜数。今姑就此篇，摘其尤变本乱实者。始略赵地时，本是武臣为将军，邵骚为护军，耳、馀为校尉，凡四人。及武臣为王，则张耳为右丞相，邵骚为左丞相，陈馀为大将军。李良之难，邵骚与武臣俱死。《史》文首尾完具，无有抵牾。班氏只见邵骚一人，无他事实，竟行没去。作史家岂有此法耶！如曰：班氏容据他书，及养卒说燕，亦只称三人，因以《史》书邵骚为误而删之。试思：陈涉藉耳、馀兵，远徇赵地，原不肯倚信两人，故用所善武臣、邵骚，临制其上。如止用武臣一人，岂不孤孑？且将军之下官号等级，便是两校尉耶！此事理之决不然者也。若养卒所称：原以耳、馀为主，并武臣为三人，邵骚自不须数及。当时，谁不知耳、馀为事主者，所以燕将听信其说。而耳、馀既挟赵王北行邯郸，居守正是邵骚。班氏谬不思忖，妄行减削，不殆于以史为戏乎？

又此传云："张敖，高后六年薨。子偃为鲁元王，以母吕后女故，吕后封为鲁元王。"《汉书》则云："初，孝惠时，齐悼惠王献城阳郡，尊鲁元公主为太后。高后元年，鲁元太后薨。后六年，宣平侯敖复薨。吕太后立敖子偃为鲁王，以母为太后故也。"按：《齐悼惠王世家》云："齐王用内史勋计，献城阳郡，以为鲁元公主汤沐邑。"《吕后本纪》：孝惠二年，则云："齐内史士说王以一郡上太后，为公主汤沐邑，于是，齐王乃上城阳之郡，尊公主为王太后。"又吕后称制元年，"鲁元公主薨，赐谥为鲁元太后。子偃为鲁王。鲁元父，宣平侯张敖也。"其七年六月，又云："宣平侯张敖卒，以子偃为鲁王，敖赐谥为鲁元王。"细寻《史》文诸处，盖偃为鲁王，实在张敖未死之时，或公主薨时，因王偃以实太后之称耳。然齐王尊公主为太后一事，史公亦未肯深信，何者？齐王，惠帝之兄，虽借媚公主，汤沐足矣，何至颠倒如此！但前记已有此语，故一出其文以存疑异。而“鲁元”之号，公主谥之，张敖仍之，子偃又冒称之。一切疑互，《史》文最为斟酌。余窃因史公所书，以意推之：齐王献郡，只奉汤沐而已。及高后之元，公主薨逝，宣平侯国之典不足以示尊荣，敖既罪降无辞，复封，故以恩泽。王偃于鲁，大启城阳之土，公主因称太后，而谥之曰“元”。“鲁”者，国也，“元”者，谥也，揆情准义，不出于是矣。当代传者，既失偃立之年，以为敖死之后，始以嗣侯进阶。而鲁元太后之称，在敖未死六年之间。见之载记，必有明证。因傍缘国邑，妄以太后之称，附之齐王云耳。至若张敖元称，乃蒙妻谥。偃以母得王，后又见废，其曰“鲁元王”云者，轻目之辞也。史公参差活脱，使人尚可根觅；班氏处处胪陈，失实多矣。

又有字法少省，便涉不通者。如：“有厮养卒谢其舍中”句，《汉书》减一“中”字，言舍中自见其人，只“谢舍”更成何义？苏林（按：苏林曰：“厮，取薪者也。养，养人者也。舍谓所舍宿主人也。”）、师古（按：师古曰：“谢其舍，谓告其舍中人也。故下言舍中人皆笑。今流俗书本于此舍下辄加人字，非也。厮，音斯。”）为此一字费辞，岂不可笑！

如：“两君羁旅而欲附赵，难独立，立赵后扶以义，可就功。”《汉书》云：“两君羁旅而欲附赵，难，可独立赵后，辅以谊，可就功。”读者必从“难”字为句，“可独”二字何不竟省，而作此剌口语乎？

如：“项羽悉引兵渡江（按：“江”做“河”），遂（按：少“遂”字）破章邯，章邯引兵解，诸侯军乃敢击围钜鹿秦军。”《汉书》云：“项羽悉引兵渡河，破章邯军，诸侯军乃敢击秦军。”无“围钜鹿”三字，则秦军当是何军？章邯军独非秦军乎？

　　如："子敖嗣立为赵王。高祖长女鲁元公主，为赵王敖后。"
《汉书》云："尚高祖长女鲁元公主为王后。"夫所云"尚"者，
自张敖言之也；"为王后"者，自公主言之也。相属而为文，岂
可乎？

　　如："上使泄公持节问之箯舆前。仰视曰：'泄公耶（按：
疑"耶"字为"邪"）？'泄公劳苦如平生欢（按：疑"欢"字
衍），与语，问张王果有计谋否？"《汉书》作："仰视泄公。"
去一"曰"字，一"耶"字，又去下"泄公"二字，通去四字。
而"仰视泄公"，既失贯高此时情况，又似贯高劳问泄公。下文
与语，又不明见泄公，此复成何文理？

　　又如："张敖已出，以尚鲁元故，封为宣平侯。"《汉书》
云："敖已出，尚鲁元公主如故，封为宣平侯。"一以推恩鲁元为
文，一以不夺公主为文。是非优劣，尤易明晓。

　　其他删改之处，即无违悖，神理尽失。文义皆欠缺不完，
乃是大坏佳本，致成恶札。因怪自来名人，率意读书，往往借誉
班掾，几与史公同妙。

　　余以懒钝之故，怯于博通。时手旧编，动致移晷。幸颇窥
其失得，聊笔此篇，以贻好事。且可为治古文领箸作者之一助
焉。或有已经前人指摘者，亦未能详捡也。

萧相国世家

萧相国何者，沛丰人也。以文无害，为沛主吏掾。

高祖为布衣时，何数以吏事护高祖。高祖为亭长，常左右之。高祖以吏繇咸阳，吏皆送奉钱三，何独以五。

秦御史监郡者与从事，常辨之。何乃给泗水卒史事，第一。秦御史欲入言征何，何固请，得毋行。

及高祖起为沛公，何常为丞督事。沛公在咸阳，诸将皆争走金帛财物之府分之，何独先入收秦丞相御史律令图书藏之。沛公为汉王，以何为丞相。项王与诸侯屠烧咸阳而去。【眉批】"项王屠烧咸阳"一句。见图书，若非先被萧何收取，不在烬中，则在项氏，汉无由得之矣。班氏去此一句，事理便疏。史公文字精到，不可移动如此。汉王所以具知天下阸塞，户口多少，强弱之处，民所疾苦者，以何具得秦图书也。何进言韩信，汉王以信为大将军。语在淮阴侯事中。【旁批】详于《淮阴传》，以著大将之才。此传略及，以明相国之要。一事各传其人，非他事迹关互者比。【眉批】收图书，进淮阴两事绝大，后来论功却不及之，此故特笔提明。

汉王引兵东定三秦，何以丞相留收巴蜀，填抚谕告，使给军食。汉二年，汉王与诸侯击楚，何守关中，侍太子，治栎阳。为法令约束，立宗庙社稷宫室县邑，辄奏上，可，许以从事；即不及奏上，辄以便宜施行，上来以闻。关中事计户口转漕给军，汉王数失军遁去，何常兴关中卒，辄补缺。【旁批】又特提出关中、给军、补卒事。楚汉争战时，高祖非何莫倚者在此。上以此专属任何关中事。

汉三年，汉王与项羽相距京索之间，上数使使劳苦丞相。鲍生为丞相曰："王暴衣露盖，数使使劳苦君者，有疑君心也。为君计，莫若遣君子孙昆弟能胜兵者悉诣军所，上必益信君。"于是何从其计，汉王大说。

汉五年，既杀项羽，定天下，论功行封。群臣争功，岁余功不决。高祖以萧何功最盛，封为酂侯，所食邑多。功臣皆曰："臣等身被坚执锐，多者百余战，少者数十合，攻城略地，大小各有差。今萧何未尝有汗马之劳，徒持文墨议论，不战，顾反居臣等上，何也？"高帝曰："诸君知猎乎？"曰："知之。""知猎狗乎？"曰："知之。"高帝曰："夫猎，追杀兽兔者狗也，而发踪指示兽处者人也。今诸君徒能得走兽耳，功狗也。至如萧何，发踪指示，功人也。且诸君独以身随我，多者两三人。今萧何举宗数十人皆随我，功不可忘也。"群臣皆莫敢言。

列侯毕已受封，及奏位次，皆曰："平阳侯曹参身被七十创，攻城略地，功最多，宜第一。"上已挠功臣，多封萧何，至位次未有以复难之，然心欲何第一。关内侯鄂君进曰："群臣议皆误。夫曹参虽有野战略地之功，此特一时之事。夫上与楚相距五岁，常失军亡众，逃身遁者数矣。然萧何常从关中遣军补其处，非上所诏令召，而数万众会上之乏绝者数矣。夫汉与楚相守荥阳数年，军无见粮，萧何转漕关中，给食不乏。陛下虽数亡山东，萧何常全关中以待陛下，此万世之功也。今虽亡曹参等百数，何缺于汉？汉得之不必待以全。奈何欲以一旦之功而加万世之功哉！萧何第一，曹参次之。"【旁批】只论廷臣。淮阴辈封王者，不在此列。高祖曰："善。"于是乃令萧何赐带剑履上殿，入朝不趋。

上曰："吾闻进贤受上赏。萧何功虽高，得鄂君乃益明。"于是因鄂君故所食关内侯邑封为安平侯。是日，悉封何父子兄弟十余人，皆有食邑。乃益封何二千户，以帝尝繇咸阳时何送我独赢奉钱二也。

汉十一年，陈豨反，高祖自将，至邯郸。未罢，淮阴侯谋反关中，吕后用萧何计，诛淮阴侯，语在淮阴事中。上已闻淮阴侯诛，使使拜丞相何为相国，益封五千户，令卒五百人一都尉为相国卫。诸君皆贺，召平独吊。召平者，故秦东陵侯。秦破，为布衣，贫，种瓜于长安城东，瓜美，故世俗谓之"东陵瓜"，从召平以为名也。【眉批】陈子龙曰："数语作东陵侯小传。盖太史公心重其人。"召平谓相国曰："祸自此始矣。上暴露于外而君守于中，非被矢石之事而益君封置卫者，以今者淮阴侯新反于中，疑君心矣。夫置卫卫君，非以宠君也。愿君让封勿受，悉以家私财佐军，则上心说。"相国从其计，高帝乃大喜。

　　汉十二年秋，黥布反，上自将击之，数使使问相国何为。相国为上在军，乃拊循勉力百姓，悉以所有佐军，如陈豨时。客有说相国曰："君灭族不久矣。夫君位为相国，功第一，可复加哉？然君初入关中，得百姓心，十余年矣，皆附君，常复孳孳得民和。上所为数问君者，畏君倾动关中。今君胡不多买田地，贱贳贷以自污？上心乃安。"于是相国从其计，上乃大说。

　　上罢布军归，民遮道行上书，言相国贱强买民田宅数千万。上至，相国谒。上笑曰："夫相国乃利民！"民所上书皆以与相国，曰："君自谢民。"相国因为民请曰："长安地狭，上林中多空地，弃，愿令民得入田，毋收稿为禽兽食。"上大怒曰："相国多受贾人财物，乃为请吾苑！"乃下相国廷尉，械系之。数日，王卫尉侍，前问曰："相国何大罪，陛下系之暴也？"上曰："吾闻李斯相秦皇帝，有善归主，有恶自与。今相国多受贾竖金而为民请吾苑，以自媚于民，故系治之。"王卫尉曰："夫职事苟有便于民而请之，真宰相事，陛下奈何乃疑相国受贾人钱乎！且陛下距楚数岁，陈豨、黥布反，陛下自将而往，当是时，相国守关中，摇足则关以西非陛下有也。相国不以此时为利，今乃利贾人之金乎？且秦以不闻其过亡天下，李斯之分过，又何足法哉。陛下何疑宰相之浅也。"高帝不怿。是日，使使持节赦出相国。相国年老，素恭谨，入，徒跣谢。高帝曰："相国休矣！相国为民请苑，吾不许，我不过为桀纣主，而相国为贤相。吾故系相国，欲令百姓闻吾过也。"

何素不与曹参相能，及何病，孝惠自临视相国病，因问曰："君即百岁后，谁可代君者？"对曰："知臣莫如主。"孝惠曰："曹参何如？"何顿首曰："帝得之矣！臣死不恨矣！"

何置田宅必居穷处，为家不治垣屋。曰："后世贤，师吾俭；不贤，毋为势家所夺。"

孝惠二年，相国何卒，谥为文终侯。

后嗣以罪失侯者四世，绝，天子辄复求何后，封续酂侯，功臣莫得比焉。

【眉批】文终。本性恭俭，所以，始终委寄事英主。如高帝，岂容专以智计免耶？

太史公曰：萧相国何于秦时为刀笔吏，录录未有奇节。及汉兴，依日月之末光，何谨守管籥，因民之疾奉法，顺流与之更始。淮阴、黥布等皆以诛灭，而何之勋烂焉。位冠群臣，声施后世，与闳夭、散宜生等争烈矣。

【总评】萧文终汉开国第一元勋上宰！传中叙录正文无几，而行迹功实具备，惟其要也。然予于史公论断相国为人，犹颇有未足者。夫以秦汉之际，豪杰并起，一时奋起腾凌风云者，类皆落拓不羁之雄。至于萧何，乃似寻常文墨吏，阶缘事会，以致身名赫然者。虽史公深识，未尝竟薄相国。然其论人，每病好奇，此传又旁为淮阴寄恨吐气，故赞语抑扬多过。而萧相本量，未能彰人耳目也。试就传文寻之：高祖之微时，自常人视之，一大言少实之人耳。何安所见，而独心伟之！淮阴跅弛之士，仓卒与语，何由知其真实将才？遽令汉王以大柄相付，设有蹉跌，岂不误人？所以东坡苏氏，称为知人不世出之奇。如华佗之医，非复常理，诚见乎此也。又汉祖起匹夫，至入关破秦受降，可云快意之极！萧何于此时，独取图书、律令藏之，此岂徒不爱金帛而已哉！实有为汉祖计取天下之心，而又逆知诸侯之必来关中，约之不可保恃也。及分王汉中，何为国相，高祖既负雄心，萧相并怀壮略。首荐淮阴，委之兵事，自任管钥，力固根本。虽曰英主付授，亦由本分自裁。此则雄深莫量，内外兼综者矣。而荥阳争战，动历数年，高帝历蹈危险，关中声色不动。措饷调兵，有如常事，气度又居何等哉！天下已定，绝不言功，封赏等差，自关明主，又何远也。至若说客鲍生之伦，周旋门下。东陵，秦之故侯，遁隐高贤，亦偕游处。可知好士有诚闻言斯受宰相大臣之风，独高千古。晚途小故暴击，恭谨自如。殁时忘嫌举曹，共成汉业。人臣之分已全，身家之谋不与。综观终始，殆少闲然。史公于本朝贤相，不免率意平视，于此书有遗憾焉！

　　汉高葅醢韩、彭，千古痛恨！平情论之，高帝非天资刻毒人也。当刘、项急争时，二子不免隐情观望，此其取死之由。天下大定，封建势难复行。楚、梁、赵、淮南、长沙诸王，皆依凤据之基，裂土分藩，坐拥大国。汉欲因此为安，万无其理。高帝深忧子孙，故急急除之，自其势然也。淮阴功绩无二，废王而侯之，诚欲保全终始。乃其失志触望，加以名重能高，易世之后，岂能无变？钟室之事，盖高帝忍而为之耳。不然功臣诸侯者百三十余人，自陈豨反、诛外，曾无及身罪绝者，而独虐此元功哉？后代猜薄之主，动祖汉高，究其事形，岂复相似！史公为萧相此传，观其命意，似若萧相极意避祸，犹几不免者。予乃决其不然，何也？萧何为人，有大才而无雄志，爱惜名义，不为奇异之行，而亦无富贵溢世之愿。高帝与之游旧，岂不的知其人。故自起事之日，独膺内寄；及汉定三秦，何收巴蜀；汉争天下，何守关中。腹心既委，理不致疑。所以京、索之间，数使劳苦者，<u>高帝自当困急，恐何闻风惊惧，聊示闲暇耳</u>。信如鲍生之说，以为疑之云者。何果摇足，<u>岂使问所能止哉</u>？此固较然易知者也。惟子弟从军，藉以坚高帝屡败不挫之志。何之所为，或出于此，亦未必自以为见疑也。然则益封、置卫之事非疑耶？曰：此诚以淮阴故也。<u>非帝疑何，恐何自疑也</u>。夫大臣自疑，往往悖而为叛。韩信本以萧何之言，起为大将，两人之相与可知也。虽信以侯废居长安，两人之交际未败也。吕后以信家人变告，召何计事，何知信不可复救，因计诛之。<u>高帝以此负信，又以负何</u>。<u>故意何之惧，而有异谋耳</u>。虽然，鲍生、召平之说，于事固无伤也。至于用客之言，强夺民田宅，欲以自汙于民，<u>而自疑之形见矣</u>。<u>高帝岂不知何之恤民，与其图利之浅哉</u>？<u>顾伪而为此，知其惧尤甚矣</u>。于是，怒其请苑而囚系之。<u>系之者，所以为解也</u>。高帝以为：<u>吾系相国，廷臣必有援关中之事，以明相国之忠者。吾因释相国，相国之忠益明，疑益解矣</u>。如曰高帝实以得民疑何，置相国而任之治民，岂欲其厉民耶？如弗用而已矣。且高帝之存，疑何若斯之甚也。身没之后，吕后、太子，可复任何哉？<u>以此见高帝之果非疑何也</u>。计何出系之后，<u>君臣之间，必有实相告，语明淮阴所以受诛，以终安相国之心者</u>。但世无由传知之耳。呜呼！自韩、彭、黥布、卢绾、韩王信之属，凡为王者，皆以反叛，或死或亡；张敖，亲也，亦以罪废；萧何又以事见系，宜其谈者纷纷矣。史迁尚不能察，余乃于数千载后，起而辨之，其不妄且凿乎？虽然<u>以情知事，以势知情，吾岂欲为汉高强解者耶</u>？

此传，《汉书》与此文异者，尚少违戾处。独起首增入一段，似是实非。其文云："初，诸侯相与约，先入关破秦者王其地。沛公既先定秦，项羽后至，欲攻沛公，沛公谢之得解。羽遂屠烧咸阳，与范增谋曰：'巴蜀道险，秦之迁民皆居蜀。'乃曰：'蜀汉亦关中地也。'故立沛公为汉王，而三分关中地。王秦降将以距汉，汉王怒，欲谋攻项羽。周勃、灌婴、樊哙皆劝之。何谏之曰：'虽王汉中之恶，不犹愈于死乎？'汉王曰：'何为乃死也？'何曰：'今众弗如，百战百败，不死何为。周书曰："天予不取，反受其咎。"语曰"天汉"，其称甚美。夫能诎于一人之下，而信于万乘之上者，汤武是也。臣愿大王王汉中，养其民以致贤人，收召巴蜀，还定三秦，天下可图也。'汉王曰：'善。'乃遂就国"云云。

按：班氏取他书此语，补入传文，必谓此语最关大处，不思其失实甚也。汉高为人，不类项王粗浅。是时，兵势大弱，诸侯尽从项氏，宰割海宇，莫敢龃龉。汉高岂至任气、逞忿，不知利害如此耶？况项羽、范增，本止王高帝于巴蜀，高帝令张良厚赂项伯，兼请得汉中地，于是，始王汉中，都南郑。史文甚明，乌有不肯就王汉中之事乎？以此知史公著录，凡所不登之语，皆以精识、裁弃。班氏不能详究史文未善之处，弥缝此传，一见此等游谈，便行增入，无识甚矣！又：史于文终卒后，只书后嗣数绝，汉朝续封，并不详载原委。余始读而疑之，以为不宜疏脱如此，至《汉书》则备之矣。已而细思之，史之略于传者，表见之也。因悟龙门史法。凡其人事迹，无甚关天下之故，而又无异行可书，独其姓名、爵位，不可无存者，胥于表中著之。表之作，所以悉纪传、世家之难尽者也。吴芮分王长沙，传绪数代。事实既少，仅附文项羽、高祖两纪，其余具列表中，即其他可知矣。不然，高祖功臣侯者，尚百余人，若皆蒐辑琐闻，为之列传，简牍猥积，必当令人厌观。而一、二英奇卓伟之人，巨大机要之事，又以语多编促<u>蹙缩减裁。后代史家之书，所以令人苦读，读</u><u>之亦未能深晓者，诚病乎此也。</u>或谓《史记》，既不悉传汉，而周代、列国，颇详世家，何也？曰：周之侯、伯，皆据土擅事，传世数十，历载数百，交政中夏，更代兴衰，所以《世家》正文具之。至汉之封爵，徒食租税而已，<u>固不同也。</u>惟宗王以亲故列述，其他嗣侯者，<u>以事见详，</u><u>若平阳之异鄃侯是也。</u>